先生教你写文章

谈写作

朱光潜　著

北京出版集团
北京教育出版社

图书在版编目(CIP)数据

谈写作 / 朱光潜著. —北京：北京教育出版社，
2014.3
（先生教你写文章）
ISBN 978-7-5522-3422-0

Ⅰ．①谈⋯ Ⅱ．①朱⋯ Ⅲ．①作文课-中学-教学参
考资料 Ⅳ．①G634.343

中国版本图书馆CIP数据核字(2013)第293538号

先生教你写文章

谈写作

朱光潜　著

*

北 京 出 版 集 团　出版
北京教育出版社
（北京北三环中路6号）
邮政编码：100120
网址：www.bph.com.cn
北京出版集团总发行
全国各地书店经销
三河市同力彩印有限公司印刷

*

710×1000　16开本　9.75印张　100千字
2014年3月第1版　2020年11月第2次印刷
ISBN 978-7-5522-3422-0
定价：19.80元

出版说明

语文是我国基础教育最基本的必修科目，起着培养基础语言文字能力和熏陶人文精神的作用。而作文又是语文这一科目的重中之重，写好作文不仅仅是应试之需，更是立己立人之需。陶冶情操、传承人文是作文的内在要求。

"先生教你写文章"丛书与市面一般作文图书的最大不同在于，本套丛书收录了二十本垂范后世的教育大家关于作文写作的经典著作（个别文字有修改）。

最好的老师——遍览世纪大家风采

本丛书包括如下作者：梁启超、夏丏尊、胡怀琛、高语罕、刘半农、蒋伯潜、叶圣陶、孙俍工、阮真、朱光潜、朱自清、章衣萍、谭正璧、孙起孟、沐绍良、唐弢、张志公、朱德熙等。他们亲历三千年未有之大变局，在前所未有的文化嬗变中，既葆有旧时代的文脉，学问周正一流，又兼有新时代的精神，开拓创新，视野宽阔，能吸收西方的先进理念。他们的著作兼具传统与现代汉语的内在之美，都是典范传世之作。他们的为人与为文影响、滋养了几代中国人。

这些教育大家确立了现代中国白话文写作的典范，如：梁启超先生的文章明白畅达，在当时受到一代青年学子的追捧；朱光潜先生的文章深入浅出，讲解生动；朱自清先生的散文优美清丽，早已是中国散文史上的经典之作。

这些教育大家亦是中国现代汉语规范的创立者和语文教育的真正开创者：如张志公先生提出了"汉语辞章学"的概念，初步构拟出汉语辞章学的理论框架；又如汉语语法学界的语言学大师朱德熙先生，是一位富于开创精神的杰出学者，在语法研究上以其独特的语法思想与科学的分析方法，深入地研究汉语语法现象，奠定了汉语描写语法的基础。

最好的指导——倾心传授写作之道

本套丛书凝聚了数代学界名流的学术成果和研究心血。语文教育大家叶圣陶先生从写什么、怎样写、文章句子的具体安排、文章中的会话一直到文章的静态与动态，都一一详述；夏丏尊先生从阅读到写作的论述语言生动，见解独到，举一反三；梁启超先生对于作文之法则、规矩的讲论，语言畅达，并富有说服力，全面阐述了各类文体所应遵循的规则，以及提高写作水平的方法；朱光潜先生以深厚的学术涵养，从理论高度来谈论写作，文章深入浅出，语言平易近人，让读者在美学照应之下得到关于写作的内在之道；朱自清先生对于写作有自己独特的见解，认为"思想、谈话、演说、作文，这四步一步比一步难，一步比一步需要更多的条理"，推崇"多看、多朗读、多习作"；朱德熙先生从主题、结构、表现、词汇、句子、标点等六方面阐述写作之道，每章之后附有习题，举例丰富，说明切实具体，体现着朱德熙先生关于中学语法教学的先进理念……这些论述在当时对于提高中学生的写作能力裨益甚多，我们相信，对于当下中学生的写作同样具有极大好处，对提高中学语文教学质量一定也具有重要的指导作用。

虽然历史已往，时代在变，但是传统文化中那些熠熠闪光的精华永远不会被埋没。

我们希望通过本套"先生教你写文章"丛书让读者朋友从中领悟文章写作一脉相承和推陈出新的道理，给现代作文教育一个新的思考方向，也希望能帮助中学语文教师更好地指导学生学习写作，更希望广大青少年读者，尤其是在校中学生可以通过这套丛书更深刻地理解写作的内在精要，真正掌握写作规律，从而提高写作能力。

先生之诚，作文之道，尽在于此。

2014 年 3 月

本书说明

　　本书作者为著名的美学大家朱光潜先生，是他在抗战最后几年陆续写成。朱光潜先生以高深的学术涵养与理论高度来谈论写作，但文章深入浅出，语言平易近人，让读者在美学照应之下得到关于写作的内在之道，是一本非常适合青少年朋友阅读的启蒙读本。本书根据他的《谈文学》重新编辑而成，删去了部分文章。

序

　　这些短文都是在抗战中最后几年陆续写成的，在几个不同的刊物上发表过，因为都是谈文学，所以我把它们结集成为这个小册子。

　　文学是谈不尽的，坊间文学入门之类书籍实在太多。这类书籍没有多大用处，人人都知道。学文学第一件要事是多玩索名家作品，其次是自己多练习写作，如此才能亲自尝出甘苦，逐渐养成一种纯正的趣味，学得一副文学家体验人情物态的眼光和同情。到了这步，文学的修养就大体算成功了。如果不在这个上面做功夫，读完任何数量的讨论文学的书籍，也无济于事。

　　这个小册子说浅一点不能算是文学入门，说深一点不能算是文学理论。它有时也为初入门者说法，有时也牵涉到理论，但是主要的是我自己学习文艺的甘苦之言。文学是我的第一个嗜好，这二十多年以来，很少有日子我不看到它，想到它。这些短文就是随时看和随时想所得到的一点收获。在写它们的时候，我一不敢凭空乱构，二不敢道听途说，我想努力做到"切实"二字。在这一点，我希望这个小册子和坊间一般文学入门之类书籍微有不同。我愿与肯用心的爱好文学的读者们印证经验。

目 录
Contents

一　资禀❶与修养

拉丁文中有一句名言："诗人是天生的，不是造作的。"这句话本有不可磨灭的真理，但是往往被不努力者援为口实。迟钝人说，文学必须靠天才，我既没有天才，就生来与文学无缘，纵然努力，也是无补费精神。聪明人说：我有天才，这就够了，努力不但是多余的，而且显得天才还有缺陷，天才之所以为天才，正在它不费力而有过人的成就。这两种心理都很普遍，误人也很不浅。文学的门本是大开的。迟钝者误认为它关得很严密，不敢去问津；聪明者误认为自己生来就在门里，用不着摸索。他们都同样地懒怠下来，也同样地被关在门外。

❶ 资禀：天资，禀赋。

《谈文学》1946 年初版

从前有许多迷信和神秘色彩附丽在"天才"一个名词上面，一般人以为天才是神灵的凭借，与人力全无关系。近代学者有人说它是一种精神病，也有人说它是"长久的耐苦"。这个名词似颇不易用科学解释。我以为与其说"天才"，不如说"资禀"。资禀是与生俱来的良知良能，只有程度上的等差，没有绝对的分别，有人多得一点，有人少得一点。所谓"天才"不过是在资禀方面得天独厚，并没有什么神奇。莎士比亚❶和你我相去虽不可以道里计❷，他所有的资禀你和我并非完全没有，只是他有的多，我们有的少。若不然，他和我们在知能上就没有共同点，我们也就无从了解他，欣赏他了。　人人都多少可以了解欣赏文学，创作也还是一理。文学是用语言文字表现思想情感的艺术，一个人只要有思想情感，只要能运用语言文字，也就具有创作文学所必需的资禀。

就资禀说，人人本都可以致力文学；不过资禀有高有低，每个人成为文学家的可能性和在文学上的成就也就有大有小。我们不能对于每件事都能登峰造极，有几分欣赏和创作文学的能力，总比完全没有好。要每个人都成为第一流文学家，这不但是不可能，而且

❶ 莎士比亚（1564-1616）：欧洲文艺复兴时期最重要的作家，杰出的戏剧家和诗人，代表作有《哈姆雷特》《奥赛罗》《李尔王》《麦克白》等。

❷ 不可以道里计：不能用里程来计算，形容程度相差很大。计，计算。

也大可不必；要每个人都能欣赏文学，都能运用语言文字表现思想情感，这不但是很好的理想，而且是可以实现和应该实现的理想。一个人所应该考虑的不是：我究竟应否在文学上下一番功夫？（这不成为问题，一个人不能欣赏文学，不能发表思想情感，无疑地算不得一个受教育的人，）而是：我究竟还是专门做文学家，还是只要一个受教育的人所应有的欣赏文学和表现思想情感的能力？

这第二个问题确值得考虑。如果只要有一个受教育的人所应有的欣赏文学和表现思想情感的能力，每个人只须经过相当的努力，都可以达到，不能拿没有天才做借口；如果要专门做文学家，他就要自问对文学是否有特优的资禀。近代心理学家研究资禀，常把普遍智力和特殊智力分开。普遍智力是施诸一切对象而都灵验的，像一把同时可以打开许多种锁的钥匙；特殊智力是施诸某一种特殊对象而才灵验的，像一把只能打开一种锁的钥匙。比如说，一个人的普遍智力高，无论读书、处事，或作战、经商，都比低能人要强；可是读书、处事、作战、经商各需要一种特殊智力。尽管一个人件件都行，如果他的特殊智力在经商，他在经商方面的成就必比做其他❶事业都强。对于某

❶ 其他：原书为"其它"。后同。

一项有特殊智力，我们通常说那一项为"性之所近"❶。一个人如果要专门做文学家，就非性近于文学不可。如果性不相近而勉强去做文学家，成功的固然并非绝对没有，究竟是用违其才；不成功的却居多数，那就是精力的浪费了。世间有许多人走错门路，性不近于文学而强做文学家，耽误了他们在别方面可以有为的才力，实在很可惜。"诗人是天生的，不是造作的"一句话对于这种人确是一个很好的当头棒。

但是这句话终有语病。天生的资禀只是潜能，要潜能现为事实，不能不假人力造作。好比花果的种子，天生就有一种资禀可以发芽成树、开花结实；但是种子有很多不发芽成树、开花结实的，因为缺乏人工的培养。种子能发芽成树、开花结实，有一大半要靠人力，尽管它天资如何优良。人的资禀能否实现于学问事功的成就，也是如此。一个人纵然生来就有文学的特优资禀，如果他不下功夫修养，他必定是苗而不秀，华而不实。天才愈卓越，修养愈深厚，成就也就愈伟大。比如说李白、杜甫对于诗不能说是无天才，可是读过他们诗集的人都知道这两位大诗人所下的功夫。李白在人生哲学方面有道家的底子，在文学方面从《诗经》❷《楚辞》❸直到齐梁体❹诗，他没有不费苦心

❶ 性之相近：语出《论语·阳货》篇："子曰：性相近也，习相远也。"原意为：人的原始天性是相似的，只是在后天不同的环境中受到不同的影响后才会产生区别，最终形成千差万别的个性。

❷ 《诗经》：又称"诗"或"诗三百"，是中国最早的诗歌总集，它收录自西周初年至春秋中叶（前11世纪至前6世纪）500多年的诗歌，被儒家奉为经典。

❸ 《楚辞》：中国第一部浪漫主义诗歌总集和骚体类文章的总集。"楚辞"的名称，西汉初期已有之，至刘向才编辑成集。收战国楚人屈原、宋玉及汉代淮南小山、东方朔、王褒、刘向等人辞赋共十六篇。

❹ 齐梁体：是南朝齐、梁时代出现的一种诗风。在此期间，诗歌内容上多以吟咏风云、月露主，题材狭窄；形式上，多追求音律精细，对偶工整，词藻巧艳。

模拟过。杜诗无一字无来历，世所共知。他自述经验说："读书破万卷，下笔如有神。❶"西方大诗人像但丁❷、莎士比亚、歌德❸诸人，也没有一个不是修养出来的。莎士比亚是一般人公评为天才多于学问的，但是谁能测量他的学问的浅深？医生说，只有医生才能写出他的某一幕；律师说，只有学过法律的人才能了解他的某一剧的术语。你说他没有下功夫研究过医学、法学等等？我们都惊讶他的成熟作品的伟大，却忘记他的大半生精力都费在改编前人的剧本，在其中讨诀窍。这只是随便举几个例。完全是"天生的"而不经"造作"的诗人，在历史上却无先例。

孔子有一段论学问的话最为人所称道："或生而知之，或学而知之，或困而知之，及其知之一也❹。"这话确有至理，但亦看"知"的对象为何。如果所知的是文学，我相信"生而知之"者没有，"困而知之"者也没有，大部分文学家是有"生知"的资禀，再加上"困学"的功夫，"生知"的资禀多一点，"困学"的功夫也许可以少一点。牛顿说："天才是长久的耐苦。"这话也须用逻辑眼光去看，长久的耐苦不一定造成天才，天才却有赖于长久的耐苦。一切的成就都如此，文学只是一例。

❶ 出自唐代诗人杜甫的《奉赠韦左丞丈二十二韵》，形容博览群书，把书读透，这样落实到笔下，运用起来就会得心应手。

❷ 但丁（1265-1321）：意大利诗人、作家，现代意大利语的奠基者，欧洲文艺复兴时代的开拓人物之一，以长诗《神曲》留名后世。

❸ 歌德（1749-1832）：德国著名的思想家、小说家、剧作家、诗人、自然科学家，代表作有《少年维特之烦恼》《浮士德》等。原书为"哥德"。后同。

❹ 语出《中庸·卷二十之三》，意为有人生来就知道这些（道理），有人通过学习而知道，有人因为困惑通过思考而知道，等到明白以后，其中的道理都是一样的。

天生的是资禀，造作的是修养；资禀是潜能，是种子；修养使潜能实现，使种子发芽成树，开花结实。资禀不是我们自己力量所能控制的，修养却全靠自家的努力。在文学方面，修养包涵极广，举其大要，约有三端。

第一是人品的修养。人品与文品的关系是美学家争辩最烈的问题，我们在这里只能说一个梗概。从一方面说，人品与文品似无必然的关系。魏文帝早已说过："古今文人类不护细行。"刘彦和❶在《文心雕龙·程器》篇里一口气就数了一二十个没有品行的文人，齐梁以后有许多更显著的例，像冯延巳、严嵩、阮大铖之流还不在内。在克罗齐❷派美学家看，这也并不足为奇。艺术的活动出于直觉，道德的活动出于意志；一为超实用的，一为实用的，二者实不相谋。因此，一个人在道德上的成就不能裨益也不能妨害他在艺术上的成就；批评家也不应从他的生平事迹推论他的艺术的人格。

但是从另一方面说，言为心声，文如其人。思想情感为文艺的渊源，性情品格又为思想情感的型范；思想情感真纯则文艺华实相称，性情品格深厚则思想情感亦自真纯。"仁者之言蔼如"❸，"诐辞知其所蔽"❹。

❶ 刘彦和：刘勰（465–520），字彦和，生活于南北朝时期，中国历史上著名的文学理论家。刘勰虽任多种官职，但其名不以官显，却以文彰，一部《文心雕龙》奠定了他在中国文学史上和文学批评史上不可或缺的地位。

❷ 克罗齐（1866–1952）：意大利哲学家、历史学家，新黑格尔主义的主要代表之一。代表作有《精神哲学》《美学原理》等。

❸ 语出唐代韩愈《答李翊书》："仁义之人，其言蔼如也。"意为仁者说话和善、和气。

❹ 语出《孟子·公孙丑上》"诐辞知其所蔽，淫辞知其所陷，邪辞知其所离，遁辞知其所穷。"意为偏颇的言论，知道它不全面的地方。

屈原的忠贞耿介，陶潜的冲虚高远，李白的徜徉自恣，杜甫的每饭不忘君国，都表现在他们的作品里面。他们之所以伟大，就因为他们的一篇一什都不仅为某一时会即景生情偶然兴到的成就，而是整个人格的表现。不了解他们的人格，就决不能彻底了解他们的文艺。从这个观点看，培养文品在基础上下功夫就必须培养人品。这是中国先儒的一致主张，"文以载道"❶说也就是从这个看法出来的。

　　人是有机体，直觉与意志，艺术的活动与道德的活动恐怕都不能像克罗齐分得那样清楚。古今尽管有人品很卑鄙而文艺却很优越的，究竟是占少数，我们可以用心理学上的"双重人格"去解释。在甲重人格（日常的）中一个人尽管不矜细行，在乙重人格（文艺的）中他却谨严真诚。这种双重人格究竟是一种变态，如论常例，文品表现人品是千真万确的事实。所以一个人如果想在文艺上有真正伟大的成就，他必须有道德的修养。我们并非鼓励他去做狭隘的古板的道学家，我们也并不主张一切文学家在品格上都走上一条路。文品需要努力创造，各有独到，人品亦如此，一个文学家必须有真挚的性情和高远的胸襟，但是每个人的性情中可以特有一种天地，每个人的胸襟中可以特有

❶ 文以载道：指文章是为了说明道理，弘扬精神。载：装载，引申为阐明；道，道理，泛指思想。"文以载道"是关于文学社会作用的观点。由唐代韩愈等古文运动家提出的"文以明道"发展，经宋代理学家的解释得到完善。"文以载道"的意思是说"文"像车，"道"像车上所载之货物，通过车的运载，可以达到目的地。文学也就是传播儒家之"道"的手段和工具。这样的文学观念偏于文学的教化目的。

一幅❶丘壑❷，不必强同而且也决不能强同。

　　其次是一般学识经验的修养。文艺不单是作者人格的表现，也是一般人生世相的返照。培养人格是一套功夫，对于一般人生世相积蓄丰富而正确的学识经验又另是一套功夫。这可以分两层说。一是读书。从前中国文人以能镕经铸史为贵，韩愈在《进学解》❸里发挥这个意思，最为详尽。读书的功用在储知蓄理，扩充眼界，改变气质。读的范围愈广，知识愈丰富，审辨愈精当，胸襟也愈恢阔。在近代，一个文人不但要博习本国古典，还要涉猎近代各科学问，否则见解难免偏蔽。这事固然很难。我们第一要精选，不浪费精力于无用之书；第二要持恒，日积月累，涓涓终可成江河；第三要有哲学的高瞻远瞩，科学的客观剖判，否则食而不化，学问反足以梏没性灵。其次是实地观察体验。这对于文艺创作或比读书还更重要。从前中国文人喜游名山大川，一则增长阅历，一则吸纳自然界瑰奇壮丽之气与幽深玄渺之趣。其实这种"气"与"趣"不只在自然中可以见出，在一般人生世相中也可得到。许多著名的悲喜剧与近代小说所表现的精神气魄正不让于名山大川。观察体验的最大的功用还不仅在此，尤其在洞达人情物理。文学超现实而却不能

　　❶ 幅：原书为"副"。后同。

　　❷ 丘壑：原书为"邱壑"。后同。

　　❸《进学解》：元和七、八年间韩愈任国子博士时所作，假托向学生训话，勉励他们在学业、德行方面取得进步，学生提出质问，他再进行解释，借以抒发自己怀才不遇、仕途蹭蹬的牢骚。名言"业精于勤，荒于嬉；行成于思，毁于随"即出于此文。

离现实，它所创造的世界尽管有时是理想的，却不能不有现实世界的真实性。近代写实主义者主张文学须有"凭证"，就因为这个道理。你想写某一种社会或某一种人物，你必须对于那种社会那种人物的外在生活与内心生活都有彻底的了解，这非多观察多体验不可。要观察得正确，体验得深刻，你最好投身他们中间，和他们过同样的生活。你过的生活愈丰富，对于人性的了解愈深广，你的作品自然愈有真实性，不至如雾里看花。

第三是文学本身的修养。"工欲善其事，必先利其器。"❶文学的器具是语言文字。我们第一须认识语言文字，其次须有运用语言文字的技巧。这事看来似很容易，因为一般人日常都在运用语言文字；但是实在极难，因为文学要用平常的语言文字产生不平常的效果。文学家对于语言文字的了解必须比一般人都较精确，然后可以运用自如。他必须懂得字的形声义，字的组织以及音义与组织对于读者所生的影响。这要包涵语文学、逻辑学、文法、美学和心理学各科知识。从前人做文言文很重视小学（即语文学），就已看出工具的重要。我们现在做语体文比较做文言文更难。一则语言文字有它的历史渊源，我们不能因为做语体文而不

❶ 谓工匠想要使他的工作做好，一定要先让工具锋利。比喻要做好一件事，准备工作非常重要。语出孔子《论语·卫灵公》："子贡问为仁。子曰：'工欲善其事，必先利其器。居是邦也，事其大夫之贤者，友其士之仁者。'"

研究文言文所用的语文，同时又要特别研究流行的语文；一则文言文所需要的语文知识有许多专书可供给，流行的语文的研究还在草创，大半还靠作者自己努力去摸索。在现代中国，一个人想做出第一流文学作品，别的条件不用说，单说语文研究一项，他必须有深厚的修养。他必须达到有话都可说出而且说得好的程度。

运用语言文字的技巧一半根据对于语言文字的认识，一半也要靠虚心模仿前人的范作。文艺必止于创造，却必始于模仿，模仿就是学习。最简捷的办法是精选模范文百篇左右（能多固好；不能多，百篇就很够），细心研究每篇的命意布局分段造句和用字，务求透懂，不放过一字一句，然后把它熟读成诵，玩味其中声音节奏与神理气韵❶，使它不但沉到心灵里去，还须沉到筋肉里去。这一步做到了，再拿这些模范来模仿（从前人所谓"拟"），模仿可以由有意的渐变为无意的，习惯就成了自然。入手不妨尝试各种不同的风格，再在最合宜于自己的风格上多下功夫，然后融合各家风格的长处，成就一种自己独创的风格。从前做古文的人大半经过这种训练，依我想，做语体文也不能有一个更好的学习方法。

以上谈文学修养，仅就其大者略举几端，并非说

❶ 神理：精神理致；旨意理路。气韵：指文学或艺术上独特的风格；文章或书法绘画的意境或韵味；也指人的神采和风度等。

这就尽了文学修养的能事❶。我们只要想一想这几点所需要的功夫，就知道文学并非易事，不是全靠天才所能成功的。

❶ 能事：原指能做的事，后指擅长的本事。

二　写作练习

研究文学只阅读决不够，必须练习写作，世间有许多人终身在看戏、念诗、读小说，却始终不动笔写一曲戏、一首诗或是一篇小说。这种人容易养成种种错误的观念。自视太低者以为写作需要一副特殊的天才，自问既没有天才，纵然写来写去，总写不到名家的那样好，倒不如索性❶不写为妙。自视过高者以为自己已经读了许多作品，对于文学算是内行，不写则已，写就必与众不同，于是天天在幻想将来写出如何伟大的作品，目前且慢些再说。这两种人阅读愈多，对于写作就愈懒惰，所以有人把学问看成写作的累，以为学者与文人根本是两回事。这自然又是一个错误的观念。

❶ 索性：直接了当；干脆。

只阅读而不写作的人还另有一种误解，以为自己写起来虽是平庸，看旁人的作品却有一副高明的眼光，这就是俗语所谓"眼高手低"❶。一般职业的批评家欢喜拿这话头来自宽自解。我自己在文艺批评中鬼混了一二十年，于今深知在文艺方面手眼必须一致，眼低者手未必高，手低者眼也未必高。你自己没有亲身体验过写作的甘苦，对于旁人的作品就难免有几分隔靴搔痒。很显著的美丑或许不难看出，而于作者苦心经营处和灵机焕发处，微言妙趣大则源于性情学问的融会，小则见于一字一句的选择与安排，你如果不曾身历其境，便难免忽略过去。克罗齐派美学家说，要欣赏莎士比亚，你须把你自己提升到莎士比亚的水准。他们理应补充一句说：你无法把自己提升到莎士比亚的水准，除非你试过他的工作。莎士比亚的朋友本·琼森❷说得好："只有诗人，而且只有第一流诗人，才配批评诗。"你如果不信这话，你试想一想：文学批评虽被认为一种专门学问，古今中外有几个自己不是写者而成为伟大的批评家？我只想到亚里士多德❸一个人，而他对于希腊诗仍有不少的隔膜处。

文学的主要功用是表现。我们如果只看旁人表现而自己不能表现，那就如哑子听人说话，人家说得愈

❶ 出自清代陈确《与吴仲木书》，最初眼高手低指做人眼界要开阔，目标要远大，做事情则要低下头来，脚踏实地，踏踏实实地做工作。

❷ 本·琼森（1572–1637）：英格兰文艺复兴剧作家、诗人和演员。他的作品以讽刺剧见长，《福尔蓬奈》和《炼金士》为其代表作。曾就学于古代史学者坎姆登，并在其资助下到威斯敏斯特学校读书，获得关于希腊、罗马文学的丰富知识。后又博览群书，成为当时学识最渊博的剧作家之一。原书为"本·姜生"。

❸ 亚里士多德：亚里士多德（公元前384–公元前322），世界古代史上最伟大的哲学家、科学家和教育家之一，堪称希腊哲学的集大成者。代表作有《形而上学》《伦理学》《政治学》等。原书为亚理士多德。后同。

畅快，自己愈闷得心慌。听人家说而自己不说，也不感觉闷，我不相信这种人对于文艺能有真正的热忱。人生最大的快慰是创造，一件难做的事做成了，一种闷在心里的情感或思想表现出来了，自己回头一看，就如同母亲产出了婴儿，看到它好，自己也充分感觉到自己的力量，越发兴起鼓舞。没有尝到这种快慰的人就没有尝到文学的最大乐趣。

要彻底了解文学，要尽量欣赏文学，你必须自己动手练习创作。创作固然不是一件易事，也不是一件不可能的事。像一切有价值的活动，它需要辛苦学习才能做得好。假定有中人之资，依着合理的程序，一步一步地向前进，有一分功夫，决有一分效果，孜孜❶不辍，到后来总可以达到意到笔随的程度。这事有如下围棋，一段一段地前进，功夫没有到时，慢说想跳越一段，就是想多争一颗子也不行。许多学子对文学写作不肯经过浅近的基本的训练，以为将来一动笔就会一鸣惊人，那只是妄想，虽天才也未必能做到。

练习写作有一个最重要的原则须牢记在心的，就是有话必说，无话不说，说须心口如一，不能说谎。文学本来是以语文为工具的表现艺术。心里有东西要表现，才拿语文来表现。如果心里要表现的与语文所

❶ 孜孜：原书为"孳孳"。

表现的不完全相同，那就根本失去表现的功用。所谓"不完全相同"可以有两个原因，一是作者的能力不够，一是他存心要说谎。如果是能力不够，他最好认清自己能力的限度，专写自己所能写的，如是他的能力自然逐渐增进。如果是存心说谎，那是入手就走错了路，他愈写就愈入迷，离文学愈远。许多人在文学上不能有成就，大半都误在入手就养成说谎的习惯。

所谓"说谎"，有两种涵义。第一是心里那样想而口里不那样说。一个作家须有一个"我"在，须勇敢地维护他的"我"性。这事虽不容易，许多人有意或无意地在逢迎习俗，苟求欺世盗名，昧着良心去说话，其实这终久是会揭穿的。文学不是说谎的工具，你纵想说谎也无从说。"言为心声"，旁人听到你的话就会窥透你的心曲，无论你的话是真是假。《论语》载有几句《逸》诗："棠棣之华，偏其反而；岂不尔思，室斯远而。"❶孔子一眼就看破这话的不诚实，他说："未之思也，夫何远之有？"作者未尝不想人相信他"岂不尔思"，但是他心里"未之思"，语言就无从表现出"思"来。他在文学上失败，在说谎上也失败了。

其次，说谎是强不知以为知。你没有上过战场，却要描写战场的生活，没有仔细研究过一个守财奴的

❶ 出自《论语·子罕》："棠棣之华，偏其反而；岂不尔思，室是远而。"子曰："未之思也，夫何远之有？"意为：古代有一首诗这样写道：唐棣的花朵啊，翩翩地摇摆。我岂能不想念你吗？只是由于家住的地方太远了。孔子说："他还是没有真的想念，如果真的想念，有什么遥远呢？"

性格，却在一篇戏剧或小说中拿守财奴做主角，尽管你的想象如何丰富，你所写的一定缺乏文学作品所必具的真实性。人不能全知，也不能全无所知。一个聪明的作家须认清自己知解的限度，小心谨慎地把眼光注视着那限度以内的事物，看清楚了，才下笔去写。如果他想超过那限度以外去摸索，他与其在浪漫派作家所谓"想象"上做功夫，不如在写实派❶作家所谓"证据"上做功夫，这就是说，增加生活的经验，把那限度逐渐扩大。说来说去，想象也还是要利用实际经验。

❶ 写实派：在文学艺术创作上，主张现实主义创作方法的派别。

记得不肯说谎的一个基本原则，每遇到可说的话，就要抓住机会，马上就写，要极力使写出来的和心里所想的恰相符合。习文有如习画，须常备一个速写簿带在身边，遇到一片风景，一个人物，或是一种动态，觉得它新鲜有趣，可以入画，就随时速写，写得不像，再细看摆在面前的模特儿，反复修改，务求其像而后已。这种功夫做久了之后，我们一可以养成爱好精确的习惯；二可以逐渐养成艺术家看事物的眼光，在日常生活中时时可发现值得表现的情境；三可以增进写作的技巧，逐渐使难写的成为易写。

在初写时，我们必须谨守着（一）知道清楚的，

（二）易于着笔的这两种材料的范围。我把这两层分开来说，其实最重要的条件还是知得清楚，知得不清楚就不易于着笔。我们一般人至少对于自己日常生活知得比较清楚，所以记日记是初学习作的最好的方法。普通记日记只如记流水账❶，或是作干燥无味的起居注，那自然与文学无干。把日记当作一种文学的训练，就要把本身有趣的材料记得有趣。如果有相当的敏感，到处留心，一日之内值得记的见闻感想决不会缺乏。一番家常的谈话、一个新来的客、街头一阵喧嚷、花木风云的一种新变化、读书看报得到的一阵感想、听来的一件故事，总之，一切动静所生的印象，都可以供你细心描绘，成为好文章。你不必预定每天应记的字数，只要把应记的记得恰到好处，长则数百字，短则数十字，都可不拘。你也不必在一天之内同时记许多事，多记难免如"数莱菔❷下窖"，决不会记得好。选择是文学的最重要的功夫，你每天选一件最值得记的，把它记得妥妥贴贴，记成一件"作品"出来，那就够了。

宇宙间一切现象都可以纳到四大范畴里去，就是情、理、事、态。情指喜怒哀乐之类主观的感动，理是思想在事物中所推求出来的条理秩序，事包含一切

❶ 账：原书为"帐"。后同。

❷ 莱菔：即萝卜。

17

人物的动作，态指人物的形状。文学的材料就不外这四种。因此文学的功用通常分为言情、说理、叙事、绘态（亦称状物或描写）四大类。文学作品因体裁不同对这四类功用各有所偏重。例如诗歌侧重言情，论文侧重说理，历史、戏剧、小说都侧重叙事，山水人物杂记侧重绘态。这自然是极粗浅的分别，实际上情理事态常交错融贯，事必有态，情常寓理，不易拆开。有些文学课本把作品分为言情、说理、叙事、绘态四类，未免牵强。一首诗、一曲戏或一篇小说，可以时而言情说理，时而叙事绘态。纯粹属于某一类的作品颇不易找出，作品的文学价值愈高，愈是情理事态打成一片。

不过在习作时，我们不妨记起这四类的分别，因为四类作法对于初学有难有易，初学宜由易而难，循序渐进。从前私塾国文教员往往入手就教学生作论说，至今这个风气仍在学校里流行。这办法实在不妥。说理文需要丰富的学识和谨严的思考。这恰是青年人通常所缺乏的。他们没有说理文所必具的条件而勉强做说理文，势必袭陈腐的滥调，发空洞的议论。我有时看到大学生的国文试卷，常是满纸"大凡天下"，学理工者也是如此，因而深深地感觉到不健康的语文教育可以酿成思想糊涂。早习说理文的坏处还不仅此。青

★ 文学作品因体裁不同对这四类功用各有所偏重。例如诗歌侧重言情，论文侧重说理，历史、戏剧、小说都侧重叙事，山水人物杂记侧重绘态。这自然是极粗浅的分别，实际上情理事态常交错融贯，事必有态，情常寓理，不易拆开。

年期想象力较丰富，所谓"想象"是指运用具体的意象去思想，与我们一般成年人运用抽象的概念去思想不同。这两种思想类型的分别恰是文艺与科学的分别。所以有志习文学创作者必须趁想象力丰富时期，学会驾驭具体的情境，让世界本其光热色相活现于眼前，不只是一些无血无肉的冷冰冰的理。舍想象不去发展，只耗精力于说理，结果心里就只会有"理"而不会有"象"，那就是说，养成一种与文艺相反的习惯。我自己吃过这亏，所以知道很清楚。

现代许多文学青年欢喜写抒情诗文。我曾做过一个文艺刊物的编辑，收到的青年作家的稿件以抒情诗文为最多。文学本是表现情感的，青年人是最富于情感的，这两件事实凑拢起来，当然的结论是青年人是爱好文学的。在事实上许多青年人走上文学的路，也确是因为他们需要发泄情感。不过就习作说，入手就写言情诗文仍是不妥当。第一，情感迷离恍忽，不易捉摸，正如梦中不易说梦，醉中只觉陶陶。诗人华兹华斯❶说得好，"诗起于沉静中回味得来的情绪"，意与中文成语"痛定思痛"相近。青年人容易感受情绪，却不容易于沉静中回味情绪，感受情绪而加以沉静回味是始而"入乎其中"，继而"出乎其外"，这需要相

❶ 今译华兹华斯（1770-1850）：英国诗人，代表作有《序曲》《抒情歌谣集》《丁登寺旁》等。原书为"华兹华司"。

❶ 出自汉代无名氏的五
言古诗《步出城东
门》："步出城东门,
遥望江南路。前日风
雪中,故人从此去。
我欲渡河水,河水深
无梁。愿为双黄鹄,
高飞还故乡。"这首诗
内容主要是抒写旅客
思归之情,上半部分
写客中送客的感受,
下半部分写欲归不能
的愁绪。

❷ 出自李白的《忆秦娥》,
此首伤今怀古,托兴深
远。"西风"八字,只写
境界,兴衰之感都寓其
中。其气魄之雄伟,实
冠今古。

❸ sentimentalism:伤感主
义。

当的修养。回味之后,要把情绪表现出来,也不能悲
即言悲,喜即言喜,必须使情绪融化于具体的意象,
或寓情于事,如"步出城东门,遥望江南路,前日风
雪中,故人从此去"❶,不言惜别而惜别自见;或寓情
于景(即本文所谓态),如"西风残照,汉家陵阙"❷,
不言悲凉而悲凉自见。所以言情必借叙事绘态,如果
没有先学叙事绘态,言情文决不易写得好。现在一般
青年作家只知道抽象地说悲说喜,再加上接二连三的
惊叹号,以为这就算尽了言情的能事。悲即言悲,喜
即言喜,谁不会?堆砌惊叹号,谁不会?只是你言悲
言喜而读者不悲不喜,你用惊叹号而读者并不觉有惊
叹的必要,那还算得什么文学作品?其次,情感自身
也需要陶冶镕炼,才值得文学表现。人生经验愈丰富,
事理观察愈深刻,情感也就愈沉着,愈易融化于具体
的情境。最沉痛的言情诗文往往不是一个作家的早年
作品,我们的屈原、庾信、杜甫和苏轼,西方的但丁、
莎士比亚和歌德都可以为证。青年人的情感来得容易,
也来得浮泛。他们的言情作品往往表现一种浅薄的感
伤主义,即西方人所谓 sentimentalism❸。这恰是上品
言情文的大忌讳。

　　为初学写作者说法，说理文可缓作，言情文也可缓作，剩下来的只有叙事绘态两种。事与态都是摆在眼前的，极具体而有客观性，比较容易捉摸，好比习画写生，模特儿摆在面前，看着它一笔一笔地模拟，如果有一笔不像，还可以随看随改。紧抓住实事实物，决不至堕入空洞肤泛❶的恶习。叙事与绘态之中还是叙事最要紧。叙事其实就是绘动态，能绘动态就能绘静态。纯粹的绘静态文极易流于呆板，而且在事实上也极少见。事物不能很久地留在静态中，离静而动，即变为事，即成为叙事的对象。因此叙事文与绘态文极不易分，叙事文即于叙事中绘态，绘态文也必夹叙事才能生动。叙事文与绘态文做好了，其他各体文自可迎刃而解，因为严格地说，情与理还是心理方面的动作，还是可以认成"事"，还是有它们的"态"，所不同者它们比较偏于主观的，不如一般外在事态那样容易着笔。在外在事态上下过一番功夫，然后再以所得的娴熟的手腕去应付内在的事态（即情理），那就没有多大困难了。

❶ 肤泛：肤浅，不切实，不深刻。

21

三　作文与运思

作文章通常也叫做"写"文章，在西文中作家一向称"写家"，作品叫做"写品"。写须用手，故会作文章的人在中文里有时叫做"名手"，会读而不会作的人说是"眼高手低❶"。这种语文的习惯颇值得想一想。到底文章是"作"的还是"写"的呢？创造文学的动作是"用心"还是"用手"呢？

这问题实在不像它现于浮面的那么肤浅。因近代一派最占势力的美学——克罗齐派——所争辩的焦点就在此。依他们看，文艺全是心灵的活动，创造就是表现，也就是直觉。这就是说，心里想出一具体的境界，情趣与意象交融，情趣就已表现于那意象，而这时刻作品也就算完全成就了。至于拿笔来把心里所已想好的作品写在纸上，那并非"表现"，那只是"传达"或"记录"。表现（即创造）全在心里成就，记录则如把唱出的乐歌灌音到留声机片上去，全是物理的事实，与艺术无关。如我们把克罗齐派学说略加修正一下，承认在创造时，心里不仅想出可以表现情趣的意象，而且也想出了描绘那意象的语言文字，这就是说，全部作品都有了"腹稿"❶，那么"写"并非"作"的一个看法大致是对的。

我提出这问题和联带的一种美学观点，因为它与作文方法有密切的关系。普通语文习惯把"写"看成"作"，认为写是"用手"，也有一个原因。一般人作文往往不先将全部想好，拈一张稿纸，提笔就写，一直写将下去。他们在写一句之前，自然也得想一番，只是想一句，写一句，想一段，写一段；上句未写成时，不知下句是什么，上段未写成时，不知下段是什么；到写得无可再写时，就自然终止。这种习惯养成时，"不假思索"而任笔写下去，写得不知所云，也是难免的事。文章"不通"，大半是由这样来的。这种写法很普遍，学生们在国文课堂里作文，不用这个写法的似居少数。不但一般学生如此，就是有名的职业作家替

❶ 腹稿：内心酝酿成熟以供表达的诗文构想。"腹稿"的典故，出自王勃写作的故事。《新唐书·王勃传》载："勃属文，初不精思，先磨墨数升，则酣饮，引被覆面卧，及寤，援笔成篇，不易一字，时人谓勃为腹稿。"

报章杂志写"连载"的稿子，往往也是用这个"急就"的办法。这一期的稿子印出来了，下一期的稿子还在未定之天。有些作家甚至连写都不写，只坐在一个沙发上随想随念，一个书记或打字员在旁边听着，随听随录，录完一个段落了就送出发表。这样做成的作品，就整个轮廓看，总难免前后欠呼应，结构很零乱。近代英美长篇小说有许多是这样做成的，所以大半没有连串的故事，也没有完整的形式。作家们甚至把"无形式"（formlessness）当作一个艺术的信条，以为艺术原来就应该如此。这恐怕是艺术的一个厄运，有生命的东西都有一定完整的形式，首尾躯干不完全或是不匀称，那便成了一种怪物，而不是艺术。

这是一个极端，另一个极端是把全部作品都在心里想好，写只是记录，像克罗齐派美学家所主张的。苏东坡记文与可画竹，说他先有"成竹在胸"❶，然后铺纸濡毫，一挥而就。"成竹在胸"于是成为"腹稿"的佳话。这种办法似乎是理想的，实际上很不易做到。我自己也尝试过，只有在极短的篇幅中，像做一首绝句或律诗，我还可以把全篇完全在心里想好；如篇幅长了那就很难。它有种种不方便。第一，我们的注意力和记忆力所能及的范围有一定的限度，把几千字甚

❶ 成竹在胸：画竹前竹子的完美形象已在胸中。比喻处理事情之前已有完整的谋划打算。语出苏轼的《文与可画筼筜谷偃竹记》："故画竹，必先得成竹于胸中，执笔熟视，乃见其所欲画者，急起从之，振笔直遂，以追其所见，如兔起鹘落，少纵则逝矣。"

至几万字的文章都一字一句地记在心里，同时注意到每字每句每段的线索关联，并且还要一直向前思索，纵假定是可能，这种繁重的工作对于心力也未免是一种不必要的损耗。其次，这也许是我个人的心理习惯，我想到一点意思，就必须把它写下来，否则那意思在心里只是游离不定。好比打仗，想出一个意思是夺取一块土地，把它写下来就像筑一座堡垒，可以把它守住，并且可以作进一步袭击的基础。第三，写自身是一个集中注意力的助力，既在写，心思就不易旁迁他涉。还不仅此，写成的字句往往可以成为思想的刺激剂，我有时本来已把一段话预先想好，可是把它写下来时，新的意思常源源而来，结果须把预定的一段话完全改过。普通所谓"由文生情"❶与"兴会淋漓"❷，大半在这种时机发现。只有在这种时机，我们才容易写出好文章。

我个人所采用的是全用腹稿和全不用腹稿两极端的一种折衷办法。在定了题目之后，我取一张纸条摆在面前，抱着那题目四方八面地想。想时全凭心理学家所谓"自由联想"，不拘大小，不问次序，想得一点意思，就用三五个字的小标题写在纸条上，如此一直想下去，一直记下去，到当时所能想到的意思都记下

❶ 由文生情：语出《兰亭集序》集字联："文生于情有春气；兴之所至无古人。"意为文章生于内心的情感而显得有像春天似的活生生的气息；感兴（感觉、灵感）到了的地方就没有了旧时的古人。

❷ 兴会淋漓：形容兴致很高，精神舒畅。出自清代李绿园的《歧路灯》第九十三回："这父子兴会淋漓，已牌未脱稿，午初至未刻誊写干净。"兴会，兴致；淋漓，酣畅，充盛。

来了为止。这种寻思的工作做完了，我于是把乱杂无章的小标题看一眼，仔细加一番衡量，把无关重要的无须说的各点一齐丢开，把应该说的选择出来，再在其中理出一个线索和次第，另取一张纸条，顺这个线索和次第用小标题写成一个纲要。这纲要写好了，文章的轮廓已具。每小标题成为一段的总纲。我于是依次第逐段写下去。写一段之先，把那一段的话大致想好，写一句之先，也把那一句的话大致想好。这样写下去时，像上面所说的，有时有新意思涌现，我马上就修改。一段还没有写妥时，我决不把它暂时摆下，继续写下去。因此，我往往在半途废去了很多稿纸，但是一篇写完了，我无须再誊清，也无须大修改。这种折衷的办法颇有好处，一则纲要先想好，文章就有层次，有条理，有轻重安排，总之，就有形式；二则每段不预先决定，任临时触机❶，写时可以有意到笔随之乐，文章也不至于过分板滞❷。许多画家作画，似亦采取这种办法。他们先画一个大轮廓，然后逐渐填枝补叶，显出色调线纹阴阳向背。预定轮廓之中，仍可有气韵生动。

寻思是作文的第一步重要工作。思有思路。思路有畅通时也有蔽塞时。大约要思路畅通，须是精力

❶ 触机：触动灵感；碰到机遇。

❷ 板滞：呆板，没有变化；形容表情呆板冷漠。

弥满，脑筋清醒，再加上风日清和，窗明几净，临时没有外扰败兴，杂念萦怀。这时候静坐凝思，新意自会像泉水涌现，一新意酿成另一新意；如果辗转生发，写作便成为人生一件最大的乐事。一般"兴会淋漓"的文章大半都是如此做成。提笔作文时最好能选择这种境界，并且最好能制造这种境界。不过这是理想，有时这种境界不容易得到，有时虽然条件具备，文思仍然蔽塞。在蔽塞时，我们是否就应放下呢？抽象的理论姑且丢开，只就许多著名的作家的经验来看，苦思也有苦思的收获。唐人有"吟成一个字，捻断数茎须"❶的传说，李白讥诮杜甫说"借问近来太瘦生，总为从来作诗苦"❷，李长吉的母亲说"呕心心肝乃已"。❸福楼拜有一封信札，写他著书的艰难说："我今天弄得头昏脑晕，灰心丧气。我做了四个钟头，没有做出一句来。今天整天没有写成一行，虽然涂去了一百行。这工作真难！艺术啊，你是什么恶魔？为什么要这样咀嚼我们的心血？"但是他们的成就未始不从这种艰苦奋斗得来。元遗山与张仲杰论文诗说："文章出苦心，谁以苦心为？"❹大作家看重"苦心"，于此可见。就我个人所能看得到的来说，苦心从不会白费。思路太畅时，我们信笔直书，少控制，常易流

❶ 出自唐代诗人卢延让的《苦吟》，是说：为了一个恰当的字，不知不觉捻断了好几根胡子（用脑思索时不自觉的动作）。

❷ 出自李白诗《戏赠杜甫》："饭颗山头逢杜甫，顶戴笠子日卓午。借问别来太瘦生，总为从来作诗苦。"意为请问老兄自从分别以后为何如此消瘦？恐怕都因为这一段岁月里作诗太辛苦。这是李白对杜甫的一句朋友之间问候的戏言，可以用来描述某人追求艺术，搞得身形憔悴。

❸ 李长吉：即唐代诗人李贺，此句意为我的儿子已把全部的精力和心血放在写诗上了，真是要把心呕出来才罢休啊！

27

❷ 王介甫：即王安石，中国北宋著名政治家、思想家、文学家、改革家，唐宋八大家之一。

❸ 出自王安石的《题张司业诗》："苏州司业诗名老，乐府皆言妙入神。看似寻常最奇崛，成如容易却艰辛。"常被用来形容和赞美一个人的作品或成就的得来不易。"成功"的背后总是包含着无尽的辛酸。

❹ 绕弯：原书为"绕湾"。

❺ 鹄的：箭靶的中心；练习射击的目标。

于浮滑；苦思才能剥茧抽丝❶，鞭辟入里，处处从深一层着想，才能沉着委婉，此其一。苦思在当时或许无所得，但是在潜意识中它的工作仍在酝酿，到成熟时，可以"一旦豁然贯通"，普通所谓"灵感"大半都先经苦思的准备，到了适当时机便突然涌现，此其二。难关可以打通，平路便可驰骋自如。苦思是打破难关的努力，经过一番苦思的训练之后，手腕便逐渐娴熟，思路便不易落平凡，纵遇极难驾御的情境也可以手挥目送，行所无事，此其三。大抵文章的畅适境界有两种，有生来即畅适者，有经过艰苦经营而后畅适者。就已成功的作品看，好像都很平易，其实这中间分别很大，入手即平易者难免浮浅，由困难中获得平易者大半深刻耐人寻味，这是铅锡与百炼精钢的分别，也是袁简斋与陶渊明的分别。王介甫❷ 所说的"看似寻常最奇崛，成如容易却艰辛"❸，是文章的胜境。

作文运思有如抽丝，在一团乱丝中拣取一个丝头，要把它从错杂纠纷的关系中抽出，有时一抽即出，有时须绕弯❹穿孔解结，没有耐心就会使紊乱的更加紊乱。运思又如射箭，目前悬有鹄的❺，箭朝着鹄的发；有时一发即中，也有因为瞄准不正确，用力不适中，箭落在离鹄的很远的地方，习射者须不惜努力尝试，多发总有一中。

这譬喻不但说明思路有畅通和艰涩的分别，还可说明一个意思的涌现，固然大半凭人力，也有时须碰机会。普通所谓"灵感"，虽然源于潜意识的酝酿，多少也含有机会的成分。大约文艺创作的起念不外两种。一种是本来无意要为文，适逢心中偶然有所感触，一种情境或思致，觉得值得写一写，于是就援笔把它写下来。另一种是预定题目，立意要做一篇文章，于是抱着那题目想，想成熟了然后把它写下。从前人写旧诗标题常用"偶成"和"赋得"的字样，"偶成"者触兴而发，随时口占，"赋得"者定题分韵，拈得一字，就用它为韵做诗。我们可以借用这个术语，把文学作品分为"偶成"和"赋得"两类。"偶成"的作品全凭作者自己高兴，逼他写作的只有情思需要表现的一个内心冲动，不假外力。"赋得"的作品大半起于外力的催促，或是要满足一种实用的需要，如宣传、应酬、求名谋利、练习技巧之类。照理说，只有"偶成"作品才符合纯文学的理想；但是在事实上现存的文学作品大半属于"赋得"的一类，细看任何大家的诗文集就可以知道。"赋得"类也自有好文章，不但应酬唱和诗有好的，就是策论❶、奏疏❷、墓志铭❸之类也未

❶ 策论：在古时指议论当前政治问题，向朝廷献策的文章。清末废八股文，用策论代替。特点是以论点作为写作的中心。

❷ 奏疏：臣子向皇帝陈述意见或说明。其方式一般是感恩戴德，忆苦思甜，发誓赌咒，最后言事。

❸ 墓志铭：一种悼念性的文体，更是人类历史悠久的文化表现形式。墓志铭一般由志和铭两部分组成。志多用散文撰写，叙述逝者的姓名、籍贯、生平事略；铭则用韵文概括全篇，主要是对逝者一生的评价。

可一概抹煞。一般作家在练习写作时期常是做"赋得"的工作。"赋得"是一种训练,"偶成"是一种收获。一个作家如果没有经过"赋得"的阶段,"偶成"的机会不一定有,纵有也不会多。

"赋得"所训练的不仅是技巧,尤其是思想。一般人误信文学与科学不同,无须逻辑的思考。其实文学只有逻辑的思考固然不够,没有逻辑的思考却也决不行。诗人柯勒律治❶在他的《文学传记》里眷念一位无名的老师,因为从这老师的教诲,他才深深地了解极放纵的诗还是有它的逻辑。我常觉得,每一个大作家必同时是他自己的严厉的批评者。所谓"批评"就要根据逻辑的思想和文学的修养。一件作品如果有毛病——无论是在命意布局或是在造句用字——仔细穷究,病源都在思想。思想不清楚的人做出来的文章决不会清楚。思想的毛病除着精神失常以外,都起于懒惰,遇着应该分析时不仔细分析,应该斟酌时不仔细斟酌,只图模糊敷衍、囫囵吞枣混将过去。练习写作第一件要事就是克服这种心理的懒怠,随时彻底认真,一字不苟,肯朝深处想,肯向难处做。如果他养成了这种谨严的思想习惯,始终不懈,他决不会做不出好的文章。

❶ 柯勒律治(1772-1834):英国诗人和评论家,他一生是在贫病交困和鸦片成瘾的阴影下度过的,诗歌作品相对较少。尽管存在这些不利因素,柯勒律治还是坚持创作,确立了其在幻想浪漫诗歌方面的主要浪漫派诗人地位。代表作有《古舟子咏》《忽必烈汗》等。原书为"考洛芮基",后同。

四 选择与安排

在作文运思时，最重要而且最艰苦的工作不在搜寻材料，而在有了材料之后，将它们加以选择与安排，这就等于说，给它们一个完整有生命的形式。材料只是生糙的铜铁，选择与安排才显出艺术的锤炼刻画❶。就生糙的材料说，世间可想到可说出的话在大体上都已经从前人想过说过；然而后来人却不能因此就不去想不去说，因为每个人有他的特殊的生活情境与经验，所想所说的虽大体上仍是那样的话，而想与说的方式却各不相同。变迁了形式，就变迁了内容。所以他所想所说尽管在表面上是老生常谈，而实际上却可以是一种新鲜的作品，如果选择与安排给了它一个新的形式、新的生命。"袅袅兮秋风，洞庭波兮木叶下"❷，在

❶ 刻画：原书为"刻划"。

❷ 出自屈原的《九歌·湘夫人》。诗句描写洞庭之景色，意为：树木轻摇啊秋风初凉，洞庭起波啊树叶落降。

① 出自五代诗人李璟的《摊破浣溪沙》。"菡萏"是荷花的别名。"翠叶",指荷叶。

② 夏洛克:莎士比亚的喜剧《威尼斯商人》中的主要人物之一,欧洲文学作品中"四大吝啬鬼"之一,他吝啬到了极点。

③ 阿巴贡:莫里哀喜剧《吝啬鬼》中的主人公,也是欧洲文学作品中"四大吝啬鬼"之一。原书为"哈伯贡"。

④ 葛朗台:巴尔扎克小说《欧也妮·葛朗台》中重要人物,守财奴的代表。原书为"哥里阿"。

⑤ 斯威夫特(1667–1745):英国十八世纪杰出的讽刺小说家,代表作《格列佛游记》。原书为"斯沃夫特"。

⑥ 疲癃残疾:老弱病残,出自宋代张载《西铭》:"凡天下疲癃残疾,茕独鳏寡,皆吾兄弟之颠连而无告者也。"

大体上和"菡萏香销翠叶残,西风愁起绿波间"① 表现同样的情致,而各有各的佳妙处,所以我们不能说后者对于前者是重复或是抄袭。莎士比亚写过夏洛克② 以后,许多作家接着写过同样典型的守财奴(莫里哀的阿巴贡③ 和巴尔扎克的葛朗台④ 是著例),也还是一样入情入理。材料尽管大致相同,每个作家有他的不同的选择与安排,这就是说,有他的独到的艺术手腕,所以仍可以有他的特殊的艺术成就。

最好的文章,像英国小说家斯威夫特⑤ 所说的,须用"最好的字句在最好的层次"。找最好的字句要靠选择,找最好的层次要靠安排。其实这两桩工作在人生各方面都很重要,立身处世到处都用得着,一切成功和失败的枢纽都在此。在战争中我常注意用兵,觉得它和作文的诀窍完全相同。善将兵的人都知道兵在精不在多。精兵一人可以抵得许多人用,疲癃残疾⑥ 的和没有训练没有纪律的兵愈多愈不易调动,反而成为累赘或障碍。一篇文章中每一个意思或字句就是一个兵,你在调用之前,须加一番检阅,不能作战的,须一律淘汰,只留下精锐,让他们各站各的岗位,各发挥各的效能。排定岗位就是摆阵势,在文章上叫做"布局"。在调兵布阵时,步、骑、炮、工、辎须有联络照顾，将、校、尉、士、卒须按部就班，全战线的中坚与侧翼，前锋与后备，尤须有条不紊。虽是精锐，如果摆布不周密，纪律不严明，那也就成为乌合之众，打不来胜仗。文章的布局也就是一种阵势，每一段就是一个队伍，摆在最得力的地位才可以发生最大的效用。

　　文章的通病就不外两种：不知选择和不知安排。第一步是选择。斯蒂文森❶说：文学是"剪裁的艺术"。剪裁就是选择的消极方面。有选择就必有排弃，有割爱。在兴酣采烈时，我们往往觉得自己所想到的意思样样都好，尤其是费过苦心得来的，要把它一笔勾销，似未免可惜。所以割爱是大难事，它需要客观的冷静，尤其需要谨严的自我批评。不知选择大半由于思想的懒惰和虚荣心所生的错觉。遇到一个题目来，不肯朝深一层处想，只浮光掠影地凑合一些实在是肤浅陈腐而自以为新奇的意思，就把它们和盘托出。我常看大学生的论文，把一个题目所有的话都一五一十地说出来，每一点都约略提及，可是没有一点说得透彻，甚至前后重复或自相矛盾。如果有几个人同做一个题目，说的话和那话说出来的形式都大半彼此相同，看起来只觉得"天下老鸦一般黑"。这种文章如何能说

❶ 斯蒂文森（1850-1894）：英国浪漫主义代表作家之一。代表作品有《沃尔特·斯科特爵士》《金银岛》等。原书为"斯蒂芬生"。后同。

服读者或感动读者？这里我们可以再就用兵打比譬，用兵致胜的要诀在占领要塞，击破主力。要塞既下，主力既破，其余一切就望风披靡，不攻自下。古人所以有"射人先射马，擒贼先擒王"❶的说法。如果虚耗兵力于无战略性的地点，等到自己的实力消耗尽了，敌人的要塞和主力还屹然未动，那还能希望打什么胜仗？做文章不能切中要害，错误正与此相同。在艺术和在自然一样，最有效的方式常是最经济的方式，浪费不仅是亏损而且也是伤害。与其用有限的力量于十件事上而不能把任何一件事做得好，不如以同样的力量集中在一件事上，把它做得斩钉截铁。做文章也是如此。世间没有说得完的话，你想把它说完，只见得你愚蠢；你没有理由可说人人都说的话，除非你比旁人说得好，而这却不是把所有的话都说完所能办到的。每篇文章必有一个主旨，你须把着重点完全摆在这主旨上，在这上面鞭辟入里，烘染尽致，使你所写的事理情态成一个世界，突出于其他一切世界之上，像浮雕突出于石面一样。读者看到，马上就可以得到一个强有力的印象，不由得他不受说服和感动。这就是选择，这就是攻坚破锐。

我们最好拿戏剧、小说来说明选择的道理。戏剧

❶ 出自唐代诗人杜甫的《前出塞·其六》，意为：射人应先射马，擒拿敌人应先捉拿首领。

和小说都描写人和事。人和事的错综关系向来极繁复，一个人和许多人有因缘，一件事和许多事有联络，如果把这些关系辗转追溯下去，可以推演到无穷。一部戏剧或小说只在这无穷的人事关系中割出一个片段来，使它成为一个独立自足的世界，许多在其他方面虽有关系而在所写的一方面无大关系的事事物物，都须斩断撇开。我们在谈劫生辰纲的梁山泊好汉，生辰纲所要送到的那个豪贵场合也许值得描写，而我们却不能去管。谁不想知道哈姆雷特在魏敦堡的留学生活，但是我们现在只谈他的家庭悲剧，时间和空间的限制都不许我们搬到魏敦堡去看一看。再就划定❶的小范围来说，一部小说或戏剧须取一个主要角色或主要故事做中心，其余的人物故事穿插，须能烘托这主角的性格或理清这主要故事的线索，适可而止，多插一个人或一件事就显得臃肿繁芜。再就一个角色或一个故事的细节来说，那是数不尽的，你必须有选择，而选择某一个细节，必须它有典型性，选了它其余无数细节就都可不言而喻。悭吝人到处悭吝，吴敬梓在《儒林外史》❷里写严监生，只挑选他临死时看见油灯里有两茎灯芯❸不闭眼一事。《红楼梦》对于妙玉着笔墨最少，而她那一副既冷僻而又不忘情的心理却令我们一见不

❶ 划定：原书为"画定"。后同。

❷《儒林外史》：由清代小说家吴敬梓创作的章回体长篇小说。小说假托明代，实际反映的是康乾时期科举制度下读书人的功名和生活。作者对生活在封建末世和科举制度下的封建文人群像的成功塑造，以及对吃人的科举、礼教和腐败世态的生动描绘，使小说成为中国古代讽刺文学的典范，也使作者自己成为中国文学史上批判现实主义的杰出作家之一。

❸ 灯芯：原书为"灯心"。后同。

① 刘姥姥：原书为"刘老老"。后同。

② 《诗学》：古希腊著名美学家亚里士多德所著，原名为《论诗》，据说是亚里士多德的讲义。有佚失，现存二十六章，主要讨论悲剧和史诗。有人认为失传的第二卷可能是讨论喜剧的。

③ 常山蛇阵：首尾呼应的阵法，阵势如常山之蛇，故名。常山蛇，古代传说中一种能首尾互相救应的蛇，后以喻首尾相顾的阵势。

忘。刘姥姥❶吃过的茶杯她叫人掷去，却将自己用的绿玉斗斟茶给宝玉；宝玉做寿，众姊妹闹得欢天喜地，她一人枯坐参禅，却暗地递一张粉红笺的贺帖。寥寥数笔，把一个性格，一种情境，写得活灵活现。在这些地方多加玩索，我们就可悟出选择的道理。

选择之外，第二件要事就是安排，就是摆阵势。兵家有所谓"常山蛇阵"，它的特点是"击首则尾应，击尾则首应，击腹则首尾俱应"。亚里士多德在《诗学》❷里论戏剧结构说它要完整，于是替"完整"一词下了一个貌似平凡而实精深的定义："我所谓完整是指一件事物有头，有中段，有尾。头无须有任何事物在前面笼盖着，而后面却必须有事物承接着。中段要是前面既有事物笼盖着，后面又有事物承接着。尾须有事物在前面笼盖着，却不须有事物在后面承接着。"这与"常山蛇阵❸"的定义其实是一样。用近代语言来说，一个艺术品必须为完整的有机体，必须是一件有生命的东西。有生命的东西第一须有头有尾有中段，第二是头尾和中段各在必然的地位，第三是有一股生气贯注于全体，某一部分受影响，其余各部分不能麻木不仁。一个好的阵形应如此，一篇好的文章布局也应如此。一段话如果丢去仍于全文无害，那段话就是赘疣；一段话如果搬动位置仍于全文无害，那篇文章的布局就欠斟酌。布局愈松懈，文章的活力就愈薄弱。

从前中国文人讲文章义法，常把布局当作呆板的形式来谈，例如全篇局势须有起承转合，脉络须有起伏呼应，声调须有抑扬顿挫，命意须有正反侧，如作字画，有阴阳向背。这些话固然也有它们的道理，不过它们是由分析作品得来的，离开作品而空谈义法，就不免等于纸上谈兵。我们想懂得布局的诀窍，最好是自己分析完美的作品；同时，自己在写作时，多费苦心衡量斟酌。最好的分析材料是西方戏剧杰作，因为它们的结构通常都极严密。习作戏剧也是学布局的最好方法，因为戏剧须把动作表现于有限时间与有限空间之中，如果起伏呼应不紧凑，就不能集中观众的兴趣，产生紧张的情绪。我国史部要籍如《左传》《史记》之类在布局上大半也特别讲究，值得细心体会。一篇完美的作品，如果细经分析，在结构上必具备下面的两个要件：

第一是层次清楚。文学像德国学者莱辛❶所说的，因为用在时间上承续的语文为媒介，是沿着一条线绵延下去。如果同时有许多事态线索，我们不能把它们同时摆在一个平面上，如同图画上许多事物平列并存；

❶ 莱辛（1729-1781）：德国启蒙运动时期剧作家、美学家、文艺批评家。其美学著作主要有《关于当代文学的通讯》《拉奥孔》《汉堡剧评》等。原书为"莱森"。

我们必须把它们在时间上分先后，说完一点，再接着说另一点，如此生发下去。这许多要说的话，谁说在先，谁说在后，须有一个层次。层次清楚，才有上文所说的头尾和中段。文章起头最难，因为起头是选定出发点，以后层出不穷的意思都由这出发点顺次生发出来，如幼芽生发出根干枝叶。文章有生发，才能成为完整的有机体。所谓"生发"，是上文意思生发下文意思，上文有所生发，下文才有所承接。文章的"不通"有多种，最厉害的是上气不接下气，上段上句的意思没有交代清楚就搁起，下段下句的意思没有伏根就突然出现。顺着意思的自然生发，脉络必有衔接，不致有脱节断气的毛病；而且意思可以融贯，不致有前后矛盾的毛病。打自己耳光，是文章最大的弱点。章实斋在韩退之《送孟东野序》❶里挑出过一个很好的例。上文说"凡物不得其平则鸣"，下文接着说"伊尹鸣商，周公鸣周"，伊尹、周公并非不得其平。这是自相矛盾，下文意思不是从上文意思很逻辑地生发出来。意思互相生发，就能互相呼应，也就能以类相聚，不相杂乱。杂乱有两种：一是应该在前一段说的话遗漏着不说，到后来一段不很相称的地方勉强插进去；一是在上文已说过的话到下文再重复说一遍。这些毛病

❶《送孟东野序》：唐代文学家韩愈为孟郊去江南就任溧阳县尉而作的一篇赠序。全文主要针对孟郊"善鸣"而终生困顿的遭遇进行论述，作者表面上说这是由天意决定的，实则是一种委婉的表达，是指斥当时的社会和统治者不重视人才，而不是在宣扬迷信。文章屡用排比句式，抑扬顿挫，波澜层叠，气势奔放；而立论卓异不凡，寓意深刻，是议论文中的佳作。

的根由都在思想疏懈。思想如果谨严，条理自然缜密。

　　第二是轻重分明。文章不仅要分层次，尤其要分轻重。轻重犹如图画的阴阳光影，一则可以避免单调，起抑扬顿挫之致；二则轻重相形，重者愈显得重，可以产生较强烈的效果。一部戏剧或小说的人物和故事如果不分宾主，群龙无首，必定显得零乱芜杂。一篇说理文如果有五六层意思都平铺并重，它一定平滑无力，不能说服读者。艺术的特征是完整，完与整是相因的，整一才能完美。在许多意思并存时，想产生整一的印象，它们必须轻重分明。文章无论长短，一篇须有一篇的主旨，一段须有一段的主旨。主旨是纲，由主旨生发出来的意思是目。纲必须能领目，目必须附丽于纲，尊卑就序，然后全体自能整一。"譬如北辰，居其所而众星拱之"❶。一篇文章的主旨应有这种气象，众星也要分大小远近。主旨是着重点，有如照相❷投影的焦点，其余所有意思都附在周围，渐远渐淡。在文章中显出轻重通常不外两种办法：第一是在层次上显出。同是一个意思，摆的地位不同，所生的效果也就不同，不过我们不能指定某一地位是天然的着重点。起头有时可以成为着重点，因为它笼盖全篇，对读者可以生"先入为主"的效果；收尾通常不能不

❶ 语出《论语·为政》："子曰：为政以德，譬如北辰，居其所而众星拱之。"意为"孔子说：（周君）以道德教化来治理政事，就会像北极星那样，自己居于一定的方位，而群星都会环绕在它的周围"。

❷ 照相：原书为"照像"。后同。

着重，虎头蛇尾是文章的大忌讳，作家往往一层深一层地掘下去，不断地引起读者的好奇心，使他不能不读到终了，到终了主旨才见分晓，故事才告结束，谜语才露谜底。中段承上启下❶，也可以成为着重点，戏剧的顶点大半落在中段，可以为证。一个地位能否成为着重点，全看作者渲染烘托的技巧如何，我们不能定出法则，但是可以从分析名著（尤其是叙事文）中探得几分消息。其次轻重可以在篇幅分量上显出。就普遍情形说，意思重要，篇幅应占多；意思不重要，篇幅应占少。这不仅是为着题旨醒豁，也是要在比例匀称上现出一点波澜节奏，如同图画上的阴阳。轻重倒置在任何艺术作品中都是毛病。不过这也不能一概而论。名手立论或叙事，往往在四面渲染烘托，到了主旨所在，有如画龙点睛，反而轻描淡写地掠过去，不多着笔墨。

从上面的话看来，我们可以知道文章有一定的理，没有一定的法。所以我们只略谈原理，不像一般文法修辞书籍，在义法上多加剖析。"大匠能诲人以规矩，不能使人巧。"❷知道文章作法，不一定就做出好文章。艺术的基本原则是寓变化于整齐，整齐易说，变化则全靠心灵的妙运，这是所谓"神而明之，存乎人"❸了。

❶ 承上启下：原书为"承上起下"。后同。

❷ 出自《孟子·尽心》："梓匠轮舆能与人规矩，不能使人巧。"意为：能工巧匠能够教会别人规矩法则，但不能够教会别人巧。

❸ 出自《易·系辞上》："纪而裁之，存乎变；推而行之，存乎通；神而明之，存乎其人。"意为：要真正明白某一事物的奥妙，在于各人的领会。

五　咬文嚼字

郭沫若先生的剧本《屈原》❶里婵娟骂宋玉说：
"你是没有骨气的文人！"上演时他自己在台下听，
嫌这话不够味，想在"没有骨气的"下面加"无耻
的"三个字。一位演员提醒他把"是"改为"这"，
"你这没有骨气的文人！"就够味了。他觉得这字改
得很恰当，他研究这两种语法的强弱不同，以为"你
是什么"只是单纯的叙述语，没有更多的意义，有时
或许竟会"不是"；"你这什么"便是坚决的判断，而
且还必须有附带语省略去了。根据这种见解，他把另一
文里"你有革命家的风度"一句话改为"你这革命家的
风度"。（见《文学创作》第四期郭沫若《札记四则》。）

❶《屈原》：取材于战国
时期楚国的历史，写
伟大诗人、政治家屈
原的政治挫折和个人
遭际。郭沫若首次将
其形象塑造于舞台之
上，他以神来之笔，
在从清晨到午夜这段
非常有限的舞台时空
里，概括了这位诗人
一生的悲剧。剧一开
始，即写屈原以橘喻
志，教育学生保持高
洁的心灵。

❶《水浒》：又名《忠义
水浒传》，简称《水
浒》，由施耐庵作于元
末明初，是中国四大
古典名著之一。全书
描写北宋末年以宋江
为首的一百零八好汉
在梁山泊起义，以及
聚义之后接受招安、
四处征战的故事。

❷《红楼梦》：中国古代
四大古典名著之一，
章回体长篇小说，原
名《石头记》。本书前
80回由曹雪芹所著，
后40回高鹗（一说是
无名氏）续。

这是炼字的好例。我们不妨借此把炼字的道理研究一番。那位演员把"是"改为"这"，确是改得好，不过郭先生如果记得《水浒》❶，就会明白一般民众骂人，都用"你这什么"式语法。石秀骂梁中书说："你这与奴才做奴才的奴才！"杨雄醉骂潘巧云说："你这贱人！你这淫妇！你这你这大虫口里流涎！你这你这……"一口气就骂了六个"你这"。看这些实例，"你这什么！"倒不仅是"坚决的判断"，而是带有极端憎恶的惊叹语，表现着强烈的情感。"你是什么"便只是不带情感的判断，纵有情感也不能在文字本身上见出。不过它也不一定就是"单纯的叙述语，没有更多的含义"。《红楼梦》❷里茗烟骂金荣说："你是个好小子，出来动一动你茗大爷！"这里"你是"含有假定语气，也带"你不是"一点讥刺的意味，如果改成"你这好小子！"神情就完全不对了。从此可知"你这"式语法并非在任何情形之下都比"你是"式语法都来得更有力。其次，郭先生援例把"你有革命家的风度"改为"你这革命家的风度"，似乎改得并不很妥。一，"你这"式语法大半表示深恶痛嫉，在赞美时便不适宜。二，"是"在逻辑上是联接词（copula），相当于等号；"有"的性质完全不同。在"你有革命家的风度"一句中"风度"是动词的宾词；在"你这革命家的风度"中"风度"便变成主词，和"你（的）"平行，根本不成一句话。

这番话不免啰唆❶，但是我们原在咬文嚼字，非这样锱铢必较不可。咬文嚼字有时是一个坏习惯，所以这个成语的涵义通常不很好。但是在文学，无论阅读或写作，我们必须有一字不肯放松的谨严。文学借文字表现思想情感；文字上面有含糊，就显得思想还没有透彻，情感还没有凝炼。咬文嚼字，在表面上像只是斟酌文字的分量，在实际上就是调整思想和情感。从来没有一句话换一个说法而意味仍完全不变。例如《史记》李广射虎一段："李广见草中石，以为虎而射之，中石没镞，视之，石也。因更复射，终不能入石矣。"❷这本是一段好文章，王若虚❸在《史记辨惑》里说它"凡多三石字"，当改为："以为虎而射之，没镞，既知其为石，因更复射，终不能入。"或改为："尝见草中有虎，射之，没镞。视之，石也。"在表面上改得似乎简洁些，却实在远不如原文。"见草中石，以为虎"并非"见草中有虎"。原文"视之，石也"有发现错误而惊讶的意味，改为"既知其为石"便失去这意味。原文"终不能复入石矣"有失望而放弃得很斩截

❶ 啰唆：原书为"噜苏"。后同。

❷ 出自《史记·李将军列传》，"李广出猎，见草中石，以为虎而射之，中石没镞，视之石也。因复更射之，终不能复入石矣。广所居郡闻有虎，尝自射之。及居右北平射虎，虎腾伤广，广亦竟射杀之。"意为：李广出门打猎时，看见草丛中的一块大石，以为是老虎，所以一箭射去，石头吞没了箭头，李广走近一看，才发现射中的是石头。于是，李广多次重复射箭，但是最终箭没有能够再次射进石头里。李广以前住过的郡里听说有老虎，他曾经亲自射杀。在右北平住时，李广射过老虎，老虎跳起来伤了李广，李广最终也射杀了它。

❸ 王若虚（1174—1243）：金文学家，作品有《五经辨惑》《论语辨惑》《孟子辨惑》《史记辨惑》《慵夫集》《诸史辨惑》等。

的意味，改为"终不能入"便觉索然无味。这种分别稍有文字敏感的人细心玩索一番，自会明白。

一般人根本不了解文字和思想情感的密切关系，以为更改一两个字不过是要文字顺畅些或是漂亮些。其实更动了文字，就同时更动了思想情感，内容和形式是相随而变的。姑举一个人人皆知的实例。韩愈在月夜里听见贾岛吟诗，有"鸟宿池边树，僧推月下门"❶两句，劝他把"推"字改成"敲"字。这段文字因缘古今传为美谈，于今人要把咬文嚼字的意思说得好听一点，都说"推敲"。古今人也都赞赏"敲"字比"推"字下得好。其实这不仅是文字上的分别，同时也是意境上的分别。"推"固然显得鲁莽一点，但是它表示孤僧步月归寺，门原来是他自己掩的，于今他"推"。他须自掩自推，足见寺里只有他孤零零的一个和尚。在这冷寂的场合，他有兴致出来步月，兴尽而返，独往独来，自在无碍，他也自有一副胸襟气度。"敲"就显得他拘礼些，也就显得寺里有人应门。他仿佛是乘月夜访友，他自己不甘寂寞，那寺里假如不是热闹场合，至少也有一些温暖的人情。比较起来，"敲"的空气没有"推"的那么冷寂。就上句"鸟宿池边树"看来，"推"似乎比"敲"要调和些。"推"可

❶ 出自唐代诗人贾岛的《题李凝幽居》："闲居少邻并，草径入荒园。鸟宿池边树，僧敲月下门。过桥分野色，移石动云根。暂去还来此，幽期不负言。"此诗只是抒写了作者走访友人李凝未遇这样一件寻常小事，而因诗人出神入化的语言，变得别具韵致。诗人以草径、荒园、宿鸟、池树等寻常景物，以及闲居、敲门、过桥寻常行事，道出了人所未道之境界，语言质朴简练，而又韵味醇厚，体现了贾岛"清真僻苦"的诗风。

以无声，"敲"就不免剥啄❶有声，惊起了宿鸟，打破了岑寂，也似乎平添了搅扰。所以我很怀疑韩愈的修改是否真如古今所称赏的那么妥当。究竟哪一种意境是贾岛当时在心里玩索而要表现的，只有他自己知道。如果他想到"推"而下"敲"字，或是想到"敲"而下"推"字，我认为那是不可能的事。所以问题不在"推"字和"敲"字哪一个比较恰当，而在哪一种境界是他当时所要说的而且与全诗调和的。在文字上推敲，骨子里实在是在思想情感上"推敲"。

　　无论是阅读或是写作，字的难处在意义的确定与控制。字有直指的意义，有联想的意义。比如说"烟"，它的直指的意义见过燃烧体冒烟的人都会明白，只是它的联想的意义迷离不易捉摸，它可联想到燃烧弹，鸦片烟榻，庙里焚香，"一川烟水"，"杨柳万条烟"，"烟光凝而暮山紫"，"蓝田日暖玉生烟"……种种境界。直指的意义载在字典，有如月轮，明显而确实；联想的意义是文字在历史过程上所累积的种种关系，有如轮外圆晕，晕外霞光，其浓淡大小随人随时随地而各各不同，变化莫测。科学的文字愈限于直指的意义就愈精确，文学的文字有时却必须顾到联想的意义，尤其是在诗方面。直指的意义易用，联想的意义

❶ 剥啄：象声词，敲门或下棋声。叩击，敲打。

却难用，因为前者是固定的，后者是游离的；前者偏于类型，后者偏于个性。既是游离的，个别的，它就不易控制，而且它可以使意蕴丰富，也可以使意思含糊甚至于支离。比如说苏东坡的《惠山烹小龙团》❶诗里三、四两句"独携天上小团月，来试人间第二泉"，"天上小团月"是由"小龙团"茶联想起来的，如果你不知道这个关联，原文就简直不通；如果你不了解明月照着泉水和清茶泡在泉水里那一点共同的清沁肺腑的意味，也就失去原文的妙处。这两句诗的妙处就在不即不离若隐若约之中。它比用"惠山泉水泡小龙团茶"一句话来得较丰富，也来得较含混有蕴藉。难处就在于含混中显得丰富。由"独携小龙团，来试惠山泉"变成"独携天上小团月，来试人间第二泉"，这是点铁成金。文学之所以为文学就在这一点生发上面。

这是一个善用联想意义的例子。联想意义也最易误用而生流弊。联想起于习惯，习惯老是欢喜走熟路。熟路抵抗力最低，引诱性最大，一人走过，人人就都跟着走，愈走就愈平滑俗滥，没有一点新奇的意味。字被人用得太滥，也是如此。从前做诗文的人都依靠《文料触机》《幼学琼林》《事类统编》❷之类书籍，要找词藻典故，都到那里去乞灵。美人都是"柳腰桃面"，

❶《惠山烹小龙团》：踏遍江南南岸山，逢山未免更留连。独携天上小团月，来试人间第二泉。石路萦回九龙脊，水光翻动五湖天。孙登无语空归去，半岭松声万壑传。意为：踏遍江南各地，遇到山就流连景色。带着如明月般沁人心脾的茶来试试惠泉山的水。登山路来回盘绕，像龙的脊梁一般，水光荡漾，翻动着太湖倒映的天空。登山归去时，半个山岭的松林风声依旧回荡在山间。

❷《文料触机》：古代八股范文集；《幼学琼林》：中国古代儿童的启蒙读物；《事类统编》：中国古代百科辞典。

"王嫱、西施"，才子都是"学富五车，才高八斗"；谈风景必是"春花秋月"，叙离别不离"柳岸灞桥"；做买卖都有"端木遗风"，到现在用铅字排印书籍还是"付梓"❶、"杀青"❷。像这样例子举不胜举，它们是从前人所谓"套语"，我们所谓"滥调"。一件事物发生时立即使你联想到一些套语滥调，而你也就安于套语滥调，毫不斟酌地使用它们，并且自鸣得意。这就是近代文艺心理学家们所说的"套板反应"（stock response）。一个人的心理习惯如果老是倾向于"套板反应"，他就根本与文艺无缘，因为就作者说，"套板反应"和创造的动机是仇敌；就读者说，它引不起新鲜而真切的情趣。一个作者在用字用词上面离不掉"套板反应"，在运思布局上面，甚至于在整个人生态度方面也就难免如此。不过习惯力量的深广常非我们意料所及。沿着习惯去做，总比新创较省力，人生来有惰性，常使我们不知不觉地一滑就滑到"套板反应"里去。你如果随便在报章杂志或是尺牍宣言里面挑一段文章来分析，你就会发现那里面的思想情感和语言大半都由"套板反应"起来的。韩愈谈他自己做古文，"惟陈言之务去"❸。这是一句最紧要的教训。语言跟着思想情感走，你不肯用俗滥的语言，自然也就不肯用俗滥的思想情感；你

❶ 付梓：书稿雕版印行。梓，刻板。古代用木版印刷，在木板上刻字叫梓。因此把稿件交付刊印叫付梓。

❷ 杀青：源于先秦时代。那时，书大都用竹简、木简制成。先在简和牍上刻字，接着在它们一边打孔，然后用丝绳或牛皮带编联起来，形成了形状像"册"字的书，又因为竹竿的表面有一层竹青，含有油水成分，不易刻字，而且竹容易被虫蛀，所以古人就想出了火烤的办法，把竹简放到火上炙烤。经过火烤处理的竹简刻字方便且防虫蛀，所以火烤是竹简制作的重要工序。当时人们把这个工序叫做"杀青"，也叫"汗青""汗简"。现在大多是指影视拍摄部分已经完成。

❸ 惟陈言之务去：陈旧的言词一定要去掉。指写作时要排除陈旧的东西，努力创造、革新。出自韩愈《答李翊书》："惟陈言之务去，戛戛乎其难哉！"惟，思也；陈言，陈旧的言辞；务，务必。

遇事就会朝深一层去想，你的文章也就真正是"作"出来的，不至落入下乘。

以上只是随便举几个实例，说明咬文嚼字的道理。例子举不尽，道理也说不完。我希望读者从这粗枝大叶的讨论中，可以领略运用文字所应有的谨严精神。本着这个精神，他随处留心玩索❶，无论是阅读或写作，就会逐渐养成创作和欣赏都必需的好习惯。他不能懒，不能粗心，不能受一时兴会所生的幻觉迷惑而轻易自满。文学是艰苦的事，只有刻苦自励，推陈翻新，时时求思想情感和语文的精炼与吻合，他才会逐渐达到艺术的完美。

❶ 玩索：体味探求。

六　散文的声音节奏

咬文嚼字应从意义和声音两方面着眼。上篇我们只谈推敲字义，没有提到声音。声音与意义本不能强分，有时意义在声音上见出还比在习惯的联想上见出更微妙，所以有人认为讲究声音是行文的最重要的功夫。我们把这问题特别另作专篇来讨论，也就因为这个缘故。我们把诗除外，因为诗要讲音律，是人人都知道的，而且从前人在这方面已经说过很多的话。至于散文的声音节奏在西方虽有语音学专家研究，在我国还很少有人注意。一般人谈话写文章（尤其是写语体文❶），都咕咕喽喽地滚将下去，管他什么声音节奏！

从前人做古文，对声音节奏却也很讲究。朱子说：

❶ 语体文：即白话文，指的是以现代汉语口语为基础，经过加工的书面语。它是相对于文言文而说的。清末开始的文体改革可以分为"新文体""白话文"和"大众语"三个阶段。

① 语出《朱子语类》卷
三十一。

② 语出韩愈《答李翊
书》。"气盛",是指作
家的仁义道德、修养
造诣很高而体现出来
的一种精神气质、一
种人格境界,与孟子
的"配义与道"而修养
成的"浩然之气"含义
相同。

③ 刘海峰:即刘大櫆(1698
—1779),清代散文家。
著有《海峰先生集》
《论文偶记》。

④ 语出《论文偶记》。

⑤ 姚姬传:即姚鼐(1732—
1815),姬传是他的字,清
代散文家。与方苞、刘
大櫆并称为"桐城三
祖"。著有《惜抱轩全
集》等,曾编选《古
文辞类纂》。

⑥ 语出《尺牍·与石甫
侄孙》。

⑦ 意为:云雾缭绕的高
山郁郁苍苍,大江的
水浩浩荡荡,先生的
品德啊,比高山还高,
比长江还长。

⑧ 出自欧阳修《相州昼
锦堂记》,意为:做官
做到将相,富贵之后
返回故乡。

"韩退之、苏明允作文,敝一生之精力,皆从古人声响处学①。"韩退之自己也说:"气盛则言之短长,声之高下,皆宜②。"清朝桐城派文家学古文,特重朗诵,用意就在揣摩声音节奏。刘海峰③谈文,说:"学者求神气而得之音节,求音节而得之字句,思过半矣④。"姚姬传⑤甚至谓:"文章之精妙不出字句声色之间,舍此便无可窥寻⑥。"此外古人推重声音的话还很多,引不胜引。

声音对于古文的重要可以从几个实例中看出。

范文正公作《严先生祠堂记》,收尾四句歌是:"云山苍苍,江水泱泱,先生之德,山高水长⑦。"他的朋友李太伯看见,就告诉他:"公此文一出名世,只一字未妥。"他问何字,李太伯说:"先生之德不如改先生之风。"他听了很高兴,就依着改了。"德"字与"风"字在意义上固然不同,最重要的分别还在声音上面。"德"字仄声音哑,没有"风"字那么沉重响亮。

相传欧阳公作《画锦堂记》已经把稿子交给来求的人,而那人回去已经走得很远了,猛然想到开头两句"仕宦至将相,锦衣归故乡",应加上两个"而"字,改为"仕宦而至将相,锦衣而归故乡⑧",立刻就派人骑快马去追赶,好把那两个"而"字加上。我们如果把原句和改句朗诵来比较看，就会明白这两个"而"字关系确实重大。原句气局促，改句便很舒畅；原句意直率，改句便有抑扬顿挫。从这个实例看，我们也可以知道音与义不能强分，更动了声音就连带地更动了意义。"仕宦而至将相"比"仕宦至将相"意思多一个转折，要深一层。

古文难于用虚字，最重要的虚字不外承转词（如上文"而"字），肯否助词（如"视之，石也"的"也"字），以及惊叹疑问词（如"独吾君也乎哉？"句尾三虚字）几大类。普通说话声音所表现的神情也就在承转、肯否、惊叹、疑问等地方见出，所以古文讲究声音，特别在虚字上做功夫。《孔子家语》❶往往抄袭《檀弓》❷而省略虚字，神情便比原文差得远。例如"仲子亦犹行古之道也❸"（《檀弓》）比"仲子亦犹行古人之道"（《孔子家语》），"予恶夫涕之无从也❹"（《檀弓》）比"予恶夫涕而无以将之"（《孔子家语》），"夫子为弗闻也者而过之❺"（《檀弓》）比"夫子为之隐佯不闻以过之"（《孔子家语》），风味都较隽永。柳子厚《钴鉧潭记》❻收尾于"于以见天之高，气之迥，孰使予乐居夷而忘故土者，非兹潭与欤❼？"如果省去两个"之"字为"天高气迥"，省去"也"字为"非兹潭

❶《孔子家语》：又名《孔氏家语》，或简称《家语》，是一部记录孔子及孔门弟子思想言行的著作。

❷《檀弓》：《礼记》篇名。

❸ 语出《礼记·檀弓上》，意为：仲子不过是依照前人的方法行事而已。

❹ 语出《礼记·檀弓上》，意为：我不愿意光流泪而没有别的表示。

❺ 语出《礼记·檀弓下》，意为：孔子装作没听见而走开。

❻《钴鉧潭记》：唐代文学家柳宗元的一篇散文。文中通过记叙钴鉧潭的由来、描绘水潭四周的景物，表达了作者希望能够摒弃尘世烦扰、摆脱官场险恶，使身心获得放松，并使精神获得解脱的思想感情。

❼ 意为：可以看到天空更高，视野更加辽远。是什么使我乐于住在这夷人地区而忘掉故土？难道不是因为这钴鉧潭吗？

欤？"风味也就不如原文。

古文讲究声音，原不完全在虚字上面，但虚字最为紧要。此外段落的起伏开合，句的长短，字的平仄，文的骈散，都与声音有关。这须拿整篇文章来分析，才说得明白，不是本文篇幅所许可的。从前文学批评家常用"气势""神韵""骨力""姿态"等词，看来好像有些弄玄虚，其实他们所指的只是种种不同的声音节奏，声音节奏在科学文里可不深究，在文学文里却是一个最主要的成分，因为文学须表现情趣，而情趣就大半要靠声音节奏来表现，犹如在说话时，情感表现于文字意义的少，表现于语言腔调的多，是一个道理。从前人研究古文，特别着重朗诵。姚姬传说："大抵学古文者必要放声疾读，又缓读，只久之自悟。若但能默看，即终身作外行也❶。"读有读的道理，就是从字句中抓住声音节奏，从声音节奏中抓住作者的情趣、"气势"或"神韵"。自己作文，也要常拿来读读，才见出声音是否响亮，节奏是否流畅。

领悟文字的声音节奏，是一件极有趣的事。普通人以为这要耳朵灵敏，因为声音要用耳朵听才生感觉。就我个人的经验来说，耳朵固然要紧，但是还不如周身筋肉。我读音调铿锵、节奏流畅的文章，周身筋肉

❶ 出自清代姚鼐的《尺牍·与陈硕士书》，意为：一般学习古文的人都要放声快读，然后慢读，这样时间长了自己便能渐渐领悟文章。如果只是默读，那么一辈子也入不了门。

仿佛作同样有节奏的运动；紧张，或是舒缓，都产生
出极愉快的感觉。如果音调节奏上有毛病，我的周身
筋肉都感觉局促不安❶，好像听厨子刮锅烟似的。我自
己在作文时，如果碰上兴会，筋肉方面也仿佛在奏乐，
在跑马，在荡舟，想停也停不住。如果意兴❷不佳，
思路枯涩，这种内在的筋肉节奏就不存在，尽管费力
写，写出来的文章总是吱咯吱咯的，像没有调好的弦
子。我因此深信声音节奏对于文章是第一件要事。

　　我们放弃了古文来做语体文，是否还应该讲声音
节奏呢？维护古文的人认为语体文没有音调，不能拉着
嗓子读，于是就认为这是语体文的一个罪状。做语体文
的人往往回答说：文章原来只是让人看的，不是让人唱
的，根本就用不着什么音调。我看这两方面的话都不很
妥当。既然是文章，无论古今中外，都离不掉声音节
奏。古文和语体文的不同，不在声音节奏的有无，而在
声音节奏形式化的程度大小。古文的声音节奏多少是偏
于形式的，你读任何文章，大致都可以拖着差不多的调
子。古文能够拉着嗓子读，原因也就在它总有个形式化
的典型，犹如歌有乐谱，固然每篇好文章于根据这典型
以外还自有个性。语体文的声音节奏就是日常语言的，
自然流露，不主故常。我们不能拉着嗓子读语体文，正

❶ 局促不安：形容举止
　拘束，心中不安。

❷ 意兴：兴趣，兴致。

如我们不能拉着嗓子谈话一样。但是语体文必须念着顺口，像谈话一样，可以在长短、轻重、缓急上面显出情感思想的变化和生展。古文好比京戏，语体文好比话剧。它们的分别是理想与写实，形式化与自然流露的分别。如果讲究得好，我相信语体文比古文的声音节奏应该更生动，更有味。

不拘形式，纯任自然，这是语体文声音节奏的特别优点。因此，古文的声音节奏容易分析，语体文的声音节奏却不易分析。刘海峰所说的"无一定之律，而有一定之妙"❶，用在语体文比用在古文上面还更恰当。我因为要举例说明语体文的声音节奏，拿《红楼梦》和《儒林外史》来分析，又拿老舍、朱自清、沈从文几位文字写得比较好的作家来分析，我没有发现旁的诀窍，除掉"自然""干净""浏朗"几个优点以外。比如说《红楼梦》二十八回宝玉向黛玉说心事：

> 当初姑娘来了，那不是我陪着顽笑！凭我心爱的，姑娘要，就拿去；我爱吃的，听见姑娘也爱吃，连忙的收拾的干干净净，收着；等着姑娘到来，一桌子❷吃饭，一床儿上睡觉。丫头们想不到的，我怕姑娘生气，我替丫头们想到。我心里想着：姊妹们从小儿长大，亲也罢，热也罢，和气到了底，才见的比别人好。如今谁承望姑娘人大心

❶ 出自《论文偶记》，刘海峰即刘大櫆。

❷ 桌子：原书为"棹子"。

大，不把我放在眼睛里！……

这只是随便挑出的，你把全段念着看，看它多么顺口，多么能表情，一点不做作，一点不拖沓。如果你会念，你会发现它里面也有很好的声音节奏。它有骈散交错，长短相间，起伏顿挫种种道理在里面，虽然这些都是出于自然，没有很显著的痕迹。

我也分析过一些写得不很好的语体文，发现文章既写得不好，声音节奏也就不响亮流畅。它的基本原因当然在作者的思路不清楚，情趣没有洗炼❶得好，以及驾驭文字的能力薄弱。单从表面看，语体文的声音节奏有毛病，大致不外两个原因。第一个原因是文白杂糅，像下面随意在流行的文学刊物上抄来的两段：

> 摆夷的垄山多半是在接近村寨的地方，并且是树林荫翳，备极森严。其中荒冢累累，更增凄凉的成分。这种垄山恐怕就是古代公有墓园的遗风。故祭垄除崇拜创造宇宙的神灵外，还有崇拜祖先的动机。……

> 他的丑相依然露在外面，欺哄得过的无非其同类不求认识人格之人而已。然进一步言之，同类人亦不能欺哄，因同类人了解同类人尤其清楚。不过，有一点可得救的，即他们不求自反自省，所以对人亦不曾，且亦不求分析其最后之人格，此所以他们能自欺兼以欺人……

❶ 洗炼：净化、锻炼；简练。

这些文章既登在刊物上，当然不能算是最坏的例子，可是念起来也就很"别扭"。我们不能像读古文一样拖起调子来哼，又不能用说话或演戏的腔调来说。第一例用了几句不大新鲜的文言，又加上"增""故"两个作文言文用法的字，显得非驴非马，和上下文不调和。第二例除掉杂用文言文的用字法以外，在虚字上面特别不留心。你看："无非……而已……然……不过……即……所以……亦……且亦……此所以……兼以……"一条线索多么纠缠不清！语体文的字和词不够丰富，须在文言文里借用，这是无可反对的。语体文本来有的字和词，丢着不用，去找文言文的代替字，那何不索性做文言文？最不调和的是在语体文中杂用文言文所特有的语句组织，使读者不知是哼好还是念好。比如说，"然进一步言之，同类人亦不能欺哄，因同类人了解同类人尤其清楚"一段话，如果写成纯粹的语体文，就应该是："但是进一步来说，同类人也难得欺哄，因为同类人了解同类人更加清楚。"这样地，我们说起来才顺口，才有自然的节奏。

其次，没有锤炼❶得好的欧化文在音调节奏上也往往很糟，像下面的例子：

❶ 锤炼：用铁锤击打使变成要求的形状；刻苦钻研，反复琢磨使艺术等精练，纯熟。

当然这不是说不要想象，而且极需要想象给作品以生动的色彩。但是想象不是幻想而是有事实，或经验作根据。表现可能的事实，这依然对现象忠实，或者更忠实些。我们不求抓住片段的死的事实，而求表现真理。因为真理的生命和常存，那作品也就永远是活的。……

　　春来了，花草的生命充分表现在那嫩绿的枝叶和迷乱的红云般花枝，人的青春也有那可爱的玉般肢体和那苹果似的双颊呈现……

作者很卖气力，我们可以想象得到。但是这样生硬而笨重的句子里面究竟含有什么深奥的道理？第一例像是一段生吞活剥的翻译，思路不清楚，上下不衔接，（例如第一句"而且"接什么？"可能的事实"成什么话？作者究竟辩护想象，还是主张对现象忠实，还是赞扬真理？）音调节奏更说不上。第二例模仿西文堆砌形容词，把一句话（本来根本不成话，那双颊是人的还是青春的？）拖得冗长，念起来真是佶屈聱牙❶。从这个实例看，我们可以明白思路和节奏的密切关系，思想错乱，节奏就一定错乱；至于表面上欧化的痕迹还是次要的原因。适宜程度的欧化是理应提倡的，但是本国语文的特性也应当顾到。用外国文语句构造法来运用中文，用不得当，就像用外国话腔调说中国话一样滑稽可笑。

❶ 佶屈聱牙：指文章读起来不顺口。出自唐代韩愈《进学解》："周诰殷盘，佶屈聱牙。"佶屈，曲折；聱牙，不顺口。

我在这里只是随意举例说明声音节奏上的毛病，对所引用的作者并非要作恶意的批评，还请他们原谅。语体文还在试验时期，错误人人都难免。我们既爱护语体文，就应努力使它在声音节奏上比较完美些，多给读者一些愉快，少给责难者一些口实。这事要说是难固然是难，要说是容易也实在容易。先把思想情感洗炼好，下笔时你就当作你是在谈话，让思想情感源源涌现，力求自然。你在向许多人说话，要说服他们，感动他们，当然不能像普通谈话那样无剪裁，无伦次。你须把话说得干净些，响亮些，有时要斩截些，有时要委婉些。照这样办，你的文章在声音节奏上就不会有毛病。旁人读你的文章，就不但能明白你的意思，而且听得见你的声音，看得见你的笑貌。"如闻其语，如见其人。"❶你于是成为读者的谈心的朋友，你的话对于他也就亲切有味。

❶ 意为：像听到他的声音，像见到他本人一样。形容对人物的刻画和描写非常生动逼真。出自唐代韩愈《独孤申叔哀辞》："濯濯其英，晔晔其光，如闻其声，如见其容。"

七　文学与语文（上）
——内容、形式与表现

从前我看文学作品，摄引注意力的是一般人所说的内容。如果它所写的思想或情境本身引人入胜，我便觉得它好，根本不很注意到它的语言文字如何。反正语文是过河的桥，过了河，桥的好坏就可不用管了。近年来我的习惯几已完全改过。一篇文学作品到了手，我第一步就留心它的语文。如果它在这方面有毛病，我对它的情感就冷淡了好些。我并非要求美丽的词藻❶，存心装饰的文章甚至使我嫌恶；我所要求的是语文的精确妥帖，心里所要说的与手里所写出来的完全一致，

❶ 词藻：诗文中的藻饰，即用作修辞的典故或华丽、工巧有文采的词语。

59

不含糊，也不夸张，最适当的字句安排在最适当的位置。那一句话只有那一个说法，稍加增减更动，便不是那么一回事。语文做到这个地步，我对作者便有绝对的信心。从我自己的经验和对于文学作品的观察看来，这种精确妥帖的语文颇不是易事，它需要尖锐的敏感，极端的谨严，和极艰苦的挣扎。一般人通常只是得过且过，到大致不差时便不再苛求。他们不了解在文艺方面，差之毫厘往往谬以千里。文艺的功用原在表现，如果写出来的和心里所想说的不一致，那就无异于说谎，失去了表现的意义。一个作家如果不在语文精确妥帖上苛求，他不是根本不了解文学，就是缺乏艺术的良心，肯对他自己不忠实。像我们在下文须详细分析的，语文和思想是息息相关的。一个作家在语文方面既可以苟且敷衍，他对于思想情感的洗炼安排也就一定苟且敷衍。处处都苟且敷衍❶，他的作品如何能完美？这是我侧重语文的一个看法。

❶ 苟且：只顾眼前，得过且过。敷衍：做事不负责任或待人不恳切，只做表面上的应付。

我得到这么一个看法，并不是完全拿科学头脑来看文学，硬要文学和数学一样，二加二必等于四。我细心体会阅读和写作的经验，觉得文学上的讲究大体是语文上的讲究，而语文的最大德性是精确妥帖。文学与数学不同的，依我看来，只有两点：一是心里所想的不同，数学是抽象的理，文学是具体的情境；一是语文的效果不同，数学直述，一字只有一字的意义，不能旁生枝节，文学暗示，一字可以有无穷的含蓄。穷到究竟，这还是因为所想的不同，理有固定的线索，情境是可变化可伸缩的。至于运用语文需要精确妥帖，使所说的恰是所想说的，文学与数学并无二致。

人人都承认文学的功用在表现，不过究竟什么叫做"表现"，用这名词的人大半不深加考究。依一般的看法，表现是以形式表现内容。这话原来不错，但是什么是内容，什么是形式，又是一个纠纷的问题。中国旧有"意内言外"和"意在言先"的说法。照这样看，以"言"表现"意"，"意"就是内容，"言"就是形式。表现就是拿在外在后的"言"来翻译在内在先的"意"。有些人纵然不以为言就是形式，也至少认为形式是属于言的。许多文学理论上的误解都由此生，我们须把它加以谨严的分析。

"意"是情感思想的合称。情感是生理的反应在意识上所生的感觉，自身迷离恍惚，不易捉摸。文艺表现情感，不能空洞地言悲言喜，再加上一些惊叹号，它必须描绘情感所由生的具体情境，比如哈姆雷特❶的悲哀、彷徨和冲突，在莎翁名剧中是借一些可表

❶ 哈姆雷特：莎士比亚著名悲剧《哈姆雷特》的主人公丹麦王子的名字。哈姆雷特是莎士比亚极力塑造的一个人文主义者的典型形象。在《哈姆雷特》中，冲突始终围绕王子为父报仇这个中心展开。

演于舞台的言动笑貌表现出来的。这就是说，情感必须化为思想，才可以表现得出。这里所谓"思想"有两种方式。一种运用抽象的概念，一种运用具体的意象❶。比如说"我打狗"这个思想内容，我们可以用"我""打""狗"三个字所指的意义连串起来想，也可以用"我的身体形象"，"打的动作姿态"和"狗被打时的形象"连成一幅图画或一幕戏景来想。前者是概念的思想，后者是意象的思想，就是"想象"。两种都离不着"想"的活动。文艺在大体上用具体情境（所想的像）表现情感，所以"意"是情感饱和的思想。

在未有语文时，原始人类也许很少有抽象的概念，须全用具体的意象去想，几乎一切思想都是想象。这是最生动的想法，也是最笨拙的想法。你试用这种想法想一想"百年三万六千日，一日须倾三百杯❷"，或是"左据函谷、二崤之阻，表以太华、终南之山，右界褒斜、陇首之险，带以洪河、泾、渭之川❸"，其中有许多事物动静，你如何能在一霎时想象遍？运用语文是思想的捷径，一个简短的符号如"三百""倾""太华""界""带"之类可以代替很笨重的实事实物。既有了语文，我们就逐渐避繁趋简，概念的思想就逐渐代替意象的思想，甚至不易成意象而

❶ 意象：原书为"意像"。后同。

❷ 出自李白的《襄阳歌》，意为：一百年大约有三万六千天，每天都要喝尽三百杯！诗句以极度的夸张，表现了诗人嗜酒如命的性格。在诗人看来，人生百年，做官、发财、出名等都十分无聊，一日饮上三百杯美酒，才是正事。

❸ 出自汉代文学家、史学家班固的《西都赋》。

有意义的事物如"百年""陇首"之类仍可以为思想对象。到了现在，语文和它所代表的事物已发生了根深蒂固的联想，想到实物树，马上就联想起它的名谓"树"字。在一般人的思想活动中，语文和实事实物常夹杂在一起，时而由实事实物跳到语文，时而由语文跳到实事实物。概念与形象交互织成思想的内容。因为心理习惯不同，有人侧重用实事实物去想，有人侧重用语文去想，但是绝对只用一种对象去想的人大概不会有。

语文与思想密切相关，还可以另用一些心理的事实来证明。普通说思想"用脑"，这话实在不很精确，思想须用全身，各种器官在思想时都在活动。你可以猜出一个人在用思想，甚至猜出他在想什么，因为从动作姿态上可以得到一些线索。有些人用思想时，必须身体取某种姿态，做❶某种活动，如叉腮、抖腿、摇头、定睛、皱眉之类，你如果勉强停止或更动他的活动姿态，就会打断他的思路。在周身中，语言器官的活动对于思想尤为重要。婴儿想到什么就须说什么，成人在自言自语时就是在用思想。有些人看书必须口里念着才行，不念就看不下去。就是"闷着想"，语言器官仍是在活动。默想"三百"，喉舌就须

❶ 做：原书为"作"。后同。

① 行为派心理学：20世纪初起源于美国的一个心理学流派，它的创建人为美国心理学家华生。行为主义观点认为，心理学不应该研究意识，只应该研究行为。所谓行为就是有机体用以适应环境变化的各种身体反应的组合。这些反应不外是肌肉收缩和腺体分泌，它们有的表现在身体外部，有的隐藏在身体内部，强度有大有小。

② 玄学：对《老子》《庄子》和《周易》的研究和解说，产生于魏晋，是魏晋时期的主要哲学思潮，是道家和儒家融合而出现的一种哲学、文化思潮。

③ 形象：原书为"形像"。后同。

作说"三百"两字的动作，虽然这动作的显著程度随人而异。所以行为派心理学①家说："思想是无声的语言，语言也就是有声的思想。"单从文化演进的过程来看，思想的丰富和语文的丰富常成正比。一般动物思想不如人类，野蛮人思想不如文明人，关键都在语文的有无或贫富。人类文化的进步可以说是字典的逐渐扩大。一个民族的思想类型也往往取决于语文的特性。中国的哲学文学和西方的不同，在我看，有大半由于语文的性质不同。我们所常想的（例如有些伦理观念）西方人根本不想；西方人所常想的（例如有些玄学②观念）我们也根本不想，原因就在甲方有那一套语文而乙方没有。所以无论是哲学或文学，由甲国语文翻译到乙国语文，都很难得准确。我们固然很难说，思想和语文究竟谁是因谁是果，但是思想有时决定语言，语言也有时决定思想，这大概不成问题。

从这些事实看，思想是心理活动，它所借以活动的是事物形象③和语文（即意象和概念），离开事物形象和语文，思想无所凭借，便无从进行。在为思想所凭借时，语文便夹在思想里，便是"意"的一部分，是在内的，与"意"的其余部分同时进行的。所以我们不能把语文看成在外在后的"形式"，用来"表现"在内在先的特别叫做"内容"的思想。"意内言外"和"意在言先"的说法绝对不能成立。

流俗的表现说大概不外起于两种误解。第一是把写下来的（或说出来的）语文当作在外的"言"，以为思想原无语文，到写或说时，才去另找语文，找得的语文便是思想的表现。其实在写或说之前，所要写要说的已在心中成就，所成就者是连带语文的思想，不是空洞游离的思想。比如我写下一句话，下一句话的意义连同语文组织都已在心中想好，才下笔写。写不过是记录，犹如将声音灌到留声机片，不能算是艺术的创作，更不能算是替已成的思想安一个形式。

第二个误解是起于语文有时确须费力寻求，我们常感觉到心里有话说不出，偶然有一阵感触，觉得大有"诗意"，或是生平有一段经验，仿佛是小说的好材料，只是没有本领把它写成作品。这好像是证明语文是思想以后的事。其实这是幻觉。所谓"有话说不出"，"说不出"因为它根本未成为话，根本没有想清楚。你看一部文学作品，尽管个个字你都熟悉，可是你做不到那样。举一个短例来说："春眠不觉晓，处处闻啼鸟。夜来风雨声，花落知多少。"❶哪一个字你不认识，你没有用过？可是你也许终身做不成这么一首

❶ 出自唐代诗人孟浩然的著名之作《春晓》，这首诗是诗人隐居在鹿门山时所作，意境十分优美。诗人抓住春天的早晨刚刚醒来时的一瞬间展开描写和联想，生动地表达了诗人对春天的热爱和怜惜之情。

好诗。这可以证明你所缺乏的并不是语文，而是运用语文的思想。你根本没有想，或是没有能力想，在你心中飘忽来去的还是一些未成形的混乱的意象和概念，你的虚荣心使你相信它们是"诗意"或是"一部未写的小说"。你必须努力使这些模糊的意象和概念确定化和具体化，所谓确定化和具体化就是"语文化"，"诗意"才能成诗，像是小说材料的东西才能成小说。心里所能想到的原不定全有语文，但是文学须从有限见无限，只能用可以凝定于语文的情感思想来暗示其余。文学的思想不在起飘忽迷离的幻想，而在使情感思想凝定于语言。在这凝定中实质与形式同时成就。

我们写作时还另有一种现象，就是心里似有一个意，须费力搜索才可找得适当的字句，或是已得到的一个字句还嫌不甚恰当，须费力修改，这也似足证明"意在言先"。其实在寻求字句时，我们并非寻求无意义的字句；字句既有意义，则所寻求的不单是字句而同时原来它的意义。寻字句和寻意义是一个完整的心理活动，统名之为思想，其中并无内外先后的分别。比如说王介甫的"春风又绿江南岸❶"一句诗中的"绿"字原来由"到""过""入""满"诸字辗转改过来的。这几个不同的动词代表不同的意境，王介甫

❶ 出自王安石的七言律诗《泊船瓜洲》："京口瓜洲一水间，钟山只隔数重山。春风又绿江南岸，明月何时照我还？"名句"春风又绿江南岸，明月何时照我还"千百年来一直为人所传颂。诗中"绿"字将无形的春风化为鲜明的形象，极其传神。

要把"过""满"等字改成"绿"字，是嫌"过""满"等字的意境不如"绿"字的意境，并非本来想到"绿"字的意境而下一"过"字，后来发现它不恰当，于是再换上一个"绿"字。在他的心中"绿"的意境和"绿"字同时生发，并非先想到"绿"的意境而后另找一个"绿"字来"表现"它。

语文既与思想同时成就，以语文表现思想的说法既不精确，然则"内容""形式""表现"之类名词在文艺上究竟有无意义呢？

要明白这问题，我们须进一步分析思想的性质。在文艺创作时，由起念到完成，思想常在生展的过程中，生展的方向是由浅而深，由粗而细，由模糊而明确，由混乱而秩序，这就是说，由无形式到有形式，或是由不完美的形式到完美的形式。起念时常是一阵飘忽❶的情感，一个条理不甚分明的思想，或是一幅未加剪裁安排的情境。这就是作者所要表现的，它是作品的胚胎，生糙的内容。他从这个起点出发去思想，内容跟着形式，意念跟着语文，时常在变动，在伸展。在未完成时，思想常是一种动态，一种倾向，一种摸索。它好比照相调配距离和度数，逐渐使所要照的人物形象投在最适合的焦点上。这种工作自然要靠技巧。

❶ 飘忽：（风和云）等迅速飘移，轻快迅疾的样子；像波浪一样随风起伏。

67

老手一摆就摆在最适合的距离和角度上，初学有时须再三移动，再三尝试，才调配得好。文艺所要调配的距离角度同时是内容与形式，思想与语文，并非先把思想调配停当，再费一番手续去调配语文。一切调配妥帖❶了，内容与形式就已同时成就，内容就已在形式中表现出来。谈文艺的内容形式，必须以已完成的作品为凭。在未完成之前，内容和形式都可以几经变更；完成的内容和形式大半与最初所想的出入很大。在完成的作品中，内容如人体，形式如人形，无体不成形，无形不成体，内容与形式不能分开，犹如体与形不能分开。形式未成就时，内容也就没有完全成就；内容完全成就，就等于说，它有了形式；也就等于说，它被表现了。所谓"表现"就是艺术的完成；所谓"内容"就是作品里面所说的话；所谓"形式"就是那话说出来的方式。这里所谓"话"指作者心中想着要说的，是思想情感语文的化合体，先在心中成就，然后用笔记录下来。

❶ 妥帖：恰当，十分合适。

作品无论好坏，都有一个形式，通常所谓"无形式"（formlessness）还是一种形式。坏作品的形式好比残废人的形貌，丑恶不全；好作品的形式好比健全人，体格生得齐全匀称，精神饱满。批评作品的形式只有一个很简单的标准，就是看它是否为完整的有机体。有机体的特征有两个：一是亚里士多德所说的有头有尾有中段，一是全体与部分，部分与部分，互相连络照应，变更任何一部分，其余都必同时受牵动。

这标准直接应用到语文，间接应用到思想。我们读者不能直接看到在作者心中活动的思想，只能间接从他写下来的语文窥透他的思想。这写下来的语文可以为凭，因为这原来就是作者所凭借以思想的，和他写作时整个心灵活动打成一片。思想是实体，语文是投影。语文有了完整的形式，思想决不会零落错乱；语文精妙❶，思想也决不会粗陋。明白这一点，就明白文学上的讲究何以大体是语文上的讲究，也就明白许多流行的关于内容与形式的辩论——例如"形式重要抑内容重要""形式决定内容，抑内容决定形式"之类——大半缺乏哲理的根据。

❶ 精妙：精致巧妙。

附注　这问题在我脑中已盘旋了十几年，我在《诗论》里有一章讨论过它，那一章曾经换过两次稿。近来对这问题再加思索，觉得前几年所见的还不十分妥当，这篇所陈述的也只能代表我目前的看法。我觉得语文与思想的关系不很容易确定，但是在未把它确定以前，许多文学理论上的问题都无从解决。我很愿虚心思索和我不同的意见。

八　文学与语文（中）
——体裁与风格

① 开化：由原始的状态
进入有文化的状态。

　　每一个开化❶民族的语文到了它的现阶段，都曾经过很悠久的历史。它常在生长、变化和新陈代谢；它是一个活的东西，随着一个民族的精神生活而生发无穷。那个民族的精神生活衰歇了，它也就随之衰歇。这种语文生展的发动和支配固然大半靠全民族在历史过程中所拿出来的力量，但是关键仍在那民族中的文学作家。他们是与语文打交涉最多最密切者，也是运用语文最谨严而又最富于创造性者。他们在写成一部有价值的作品时，不仅替文艺国库里添上一件瑰宝，也替当时语文的生展打开了一条新路，决定了一个新动向。所以研究一国语文的演变史，如果丢开文学作品的例证，就无法进行。

　　不过文学作家所能拿来运用的是当时公认的流行的语文，这就是说，他的工具是旁人已经替他造就的，无论它对他合适不合适，他都须用它，他不能凭空地替自己铸造一个崭新的工具。他的使命是创造，而天造地设的局面逼得他要接受传统，要因袭❶。他须抓住一个已定的起点去前进。这个原则固然适用于他的整个精神生活，在语文方面他尤其感觉得迫切。语文的已成之局固然可以给他很多的方便，他可以在遗产里予取予求❷，俯拾即是❸；但是也可以给他很多的不方便，常使他感觉困难。最显著的是固有的语文不够应付新的需要。人类一切活动，自物质的设施、社会的组织以至于心智的运用，都逐渐由粗趋精，由简趋繁。在每一时代写作者都感觉到语文的守旧性，世界变了，而语文还没有迎头赶上；要语文跟着变，还要他来出力。他须把旧字送到铅炉里熔解，他须铸造新字，尤其重要的是他须发明新的排字法。但是最大的困难还不在此。流行的语文像流行的货币，磨得精光，捏得污烂，有时须贬值，有时甚至不能兑现。文学作家须凭借这人人公用的东西，来运用他个人在特殊情境的

❶ 因袭：沿袭，前后相承；保守，守旧。

❷ 予取予求：指从我这里取求，现用来表示任意求取，取索无厌。也指随心所欲。出自春秋左丘明《左传·僖公七年》。

❸ 俯拾即是：只要低下头来捡取，到处都是。形容多而易得。形容地上的某一类东西、要找的某一类例证、文章中的错别字等很多。出自唐代司空图的《诗品·自然》："俯拾即是，不取诸邻。"俯，低头，弯腰；即，就。

思想。他稍不当心，就会中了引诱，落到陈腐滥调的陷阱里去，他的语文连同他的思想都停滞到人人所能达到的境界，他所要表现的那特殊情境没有到手就溜走。古今中外的作家能从这种陷阱中爬起来的并不多，爬起来的人才真正是创造者，开辟风气者。从开辟风气者人数寥寥看，我们可以知道语文的创造大非易事。它需要极艰苦的努力，取精光烂污的语文加以一番揉捏洗炼，给它一种新形样、新生命、新价值，使它变为自己的可适应特殊情境的工具。文学的创造是思想（抽象的连同具体的）的创造，也就是语文的创造。

语文有普通性，有个别性。普通性来自沿袭传统，个别性起于作者的创造。一个作品的语文有普通性，才能博得读者的了解；有个别性，才能见得作者在艺术上的成就。这原则不但适用于用字造句，还可以适用于体裁与风格。严格地说，每一个作品所要表现的是特殊的，它的语言形式也必是特殊的，否则它就没有存在的理由。一个人云亦云❶的作品就各方面说，都是精力的浪费。所以每一个名副其实的文学作品必有一个特殊的形式，犹如世间没有两个人模样完全相同。所谓"形式"只有这一个意义经得起哲理的分析——就是一篇完成的作品的与内容不能分开的特殊形式。这形式就

❶ 人云亦云：人家怎么说，自己也跟着怎么说。指没有主见，只会随声附和；形容只会随声附和，没有自己的主见。出自金代蔡松年《槽声同彦高赋》诗："槽床过竹春泉句，他日人云吾亦云。"

是作品的生命的自然流露，水到渠成，不由外铄。

不过一般人谈形式，往往把它看作传统的类型，例如"诗""骈文""散文""戏剧""小说""书疏""墓志铭"之类也被称为形式。其实这是法国人所谓genres，英国人所谓kinds，只宜称为"种类"或"体裁"。文学史家和批评家常欢喜采自然科学的方法，将文学作品分类，并且在每类中找出一些共同原则来，想把它们定为规律。这种工作没有多大价值，美学家克罗齐已再三详辩过。它没有谨严的逻辑性，例如诗分叙事、状物、抒情等等，实际上叙事诗有状物抒情的，抒情诗也有叙事状物的。我们只看《文选》❶《古文辞类纂》❷《经史百家杂钞》❸之类选本对于文章的分类，互不相同，而且都很勉强，就可以知道把文学作品摆进鸽子笼里去，不是一件合理的事。同属一类型的作品有时差别很大，我们很难找出共同原则来，求其适合一切事例。《红楼梦》《水浒传》也叫做小说，却与西方一般小说不同；《西厢记》《燕子笺》❹也叫做戏剧，却也与西方一般戏剧不同。无论你拿着《红楼梦》的标准看《包法利夫人》❺，或是拿《罗密欧与朱丽叶》❻的标准看《西厢记》，你都是扣盘扪烛，认不清太阳。不但如此，你能拿看《红楼梦》的标准

❶《文选》：中国现存的最早一部诗文总集，由南朝梁武帝的长子萧统组织文人共同编选。

❷《古文辞类纂》：清代姚鼐编的各类文章总集。全书七十五卷，选录战国至清代的古文，依文体分为论辨、序跋、奏议、书说、赠序、诏令、传状、碑志、杂记、箴铭、颂赞、辞赋、哀祭等十三类。

❸《经史百家杂钞》：曾国藩编纂的一部古文精华集，共二十六卷。《经史百家杂钞》一书，是从清末到民国，在社会上流传很广、影响较大，继姚鼐《古文辞类纂》之后的又一部有名的古文选读本。

❹《燕子笺》：明末政治家、戏曲家阮大铖（1587-1646）写的传奇，与《春灯谜》《双金榜》和《牟尼合》合称"石巢四种"。《燕子笺》是写唐代士人霍都梁与名妓华行云、尚书千金郦飞云的曲折婚恋故事。

❺包法利夫人：原书为"波华里夫人"。

❻罗密欧与朱丽叶：原书为"罗米阿与朱里叶特"。

① 《浮士德》：德国作家歌德的一部长达一万二千一百一十一行的诗剧。全剧没有首尾连贯的情节，而是以浮士德思想的发展变化为线索。这部不朽的诗剧，以德国民间传说为题材，以文艺复兴以来的德国和欧洲社会为背景，写一个新兴资产阶级先进知识分子不满现实，竭力探索人生意义和社会理想的生活道路。它是一部现实主义和浪漫主义结合得十分完好的诗剧。原书为"《浮斯特》"。

② 作诗、作词：原书为"做诗""做词"。

看《水浒传》？或是拿《哈姆雷特》的标准看《浮士德》①？每一篇成功的作品都有一个内在的标准，也就都自成一类。它采用流行的类型，犹如它采用流行的语言；但是那类型须有新生命，也犹如语言的普通性之外须有个别性。

体裁或种类只是一个空壳。它有历史的渊源，例如戏剧起于宗教仪式的表演，逐渐生展，遂奠定一种文学体裁。作家一方面因为有些已成的范作可模仿，一方面也因为听众容易接受他们所熟悉的类型，于是就利用它来做创作的媒介。旧瓶装新酒自是一种方便，不过我们不能根据瓶来评定酒，更不能武断地说某种酒只有某种瓶可装。我从前也主张过某种体裁只宜于某种内容，"反串"就违背自然。后来我仔细比较同一体裁的许多作品，发现体裁虽同，内容可以千差万别。我们试想想诗中五律七律，词中任何一个调子，在从前经过几多人用过，表现过几多不同的情调，就可以知道体裁与内容并无必然的关系。批评家常责备韩昌黎以做文章的方法去作诗，苏东坡以作诗的方法去作词②，说这不是本色当行。这就是过于信任体裁和它的规律。每一个大作家沿用旧体裁，对于它都多少加以变化甚至于破坏。他用迎合风气的方法来改变风气。

莎士比亚和易卜生对于戏剧，可以为例。我相信莎士比亚如果生在现代欧洲也许写小说，生在唐代中国也许和李白、杜甫一样写五七言诗。体裁至多像服装一样，服装虽可以供人公用，却可以随时随地变更样式；至于每个作品的形式则如人的容貌，没有两个完全相同的。

　　每一篇作品有它的与内容不能分开的形式，每一个作者在他的许多作品中，也有与他的个性不能分开的共同特性，这就是"风格"。莎士比亚的四大悲剧❶的风味各不相同，但是拿他来比较和他同时的悲剧作家，这四大悲剧却有一种共同的特性，是在当时作品中找不着的。这是他的独到的风格。一般修辞学家往往以风格为修辞的结果，专从语文技巧上来分析风格，这种工作本也有它的效用，但是也容易使人迷失风格的真正源泉。历史上许多伟大作者成就了独到的风格，往往并不很关心到风格问题；而特别在修辞技巧上钩心斗角的作者却不一定能成就独到的风格。风格像花草的香味和色泽，自然而然地放射出来。它是生气的洋溢，精灵的焕发，不但不能从旁人抄袭得来，并且不能完全受意志的支配。古今讨论风格的话甚多，只有法国自然科学家布封❷所说的最简单而中肯："风格即人格。"一个作者的人格决定了他的思想情感的动

❶ 四大悲剧：即《哈姆雷特》《奥赛罗》《李尔王》《麦克白》，故事均取自欧洲的历史传说。

❷ 布封（1707—1788）：18世纪法国博物学家、作家，代表作《自然史》。原书为"毕丰"。

❶ 弥 尔 顿（1608-1674）：
英国诗人、政论家，代
表作《失乐园》。原书
为"密尔敦"。

❷ 出自中国儒家音乐理
论专著《乐记》，原句
为"和顺积中而英华
发外，唯乐不可以为
伪。"意为：和顺的情
感聚积在心中，就会
有美好的神采表现在
外表，只有乐才不可
能伪装出来。

❸ 《二十四诗品》：作者
是晚唐诗人司空图，
是探讨诗歌创作，特别
是诗歌美学风格问题
的理论著作。它不仅
形象地概括和描绘出
各种诗歌风格的特点，
而且从创作的角度深
入探讨了各种艺术风
格的形成，对诗歌创
作、评论与欣赏等方
面有相当大的贡献。

❹ 斯威夫特：原书为"斯
沃夫特"。

向，也就决定了他的文学的风格。弥尔顿**❶**说得好：
"谁想做一个诗人，他必须自己是一首真正的诗。""言
为心声"，要看"言"如何，须先看"心"如何，从前
人所以有"和顺积中，英华外发**❷**"的话。司空图的
《二十四诗品》**❸**是中国批评文中最精妙的，他所要描
绘的是诗品（诗的风格），而他实际所描绘的大半是人
品。人格与风格的密切关联证实了一个基本原则，就
是文学不能脱离人生而独立。我们要想在文学上有成
就，从源头做起，必须修养品格。我们并非希望文学
作家都变成道学家，我们所着重的是他必须有丰富的
精神生活。有生气然后有生气的洋溢。

抓住了这个基本原则，其他关于风格的争辩全属
枝节问题。历来讨论风格者都着重字的选择与安排。
斯威夫特**❹**（Swift）说：风格是"用适当的字在适当的
地位"（the use of proper words in proper places）。柯勒
律治（Coleridge）论诗，说它是"最好的字在最好的
次第"（best words in best order）。福楼拜（Flaubert）是
近代最讲究风格的作家，也是在"正确的字"（Le mot
juste）上做功夫。他以为一句话只有一个最恰当的说
法，一个字的更动就可以影响全局，所以常不惜花几
个钟头去找一个恰当的字，或是斟酌一个逗点的位置。

这些都是有经验的作家，他们都特别看重选字排字的重要，当然有一番大道至理。在我们看，他们在表面上重视用字的推敲，在骨子里仍是重视思想的谨严。惟有谨严，思想情感才能正确地凝定于语文，人格才能正确地流露于风格。

　　作家第一件应当心的是对于他自己的忠实。一句话恰好表现了他自己的思想情感，照理他就应该感觉满意。不过通常作家的顾虑，不仅在一句话是否恰好表现了他自己，同时也在它是否能说服或感动读者。因此，语文有两重功用：一是表现，一是感动。理想的文学作品是它的语文有了表现力就有了感动力，不在表现之外另求所谓"效果"（effect）。不过这究竟是理想，满作家自己意的作品往往不尽能满读者意。在这种时候❶，缺陷有时在作品本身，也有时在读者的欣赏力。如果它在读者的欣赏力，它可以借教育弥补。一个作家最难的事往往不在创造作品，而在创造欣赏那种作品的趣味。这就是所谓"开风气之先"。如果缺陷在作品本身，根本的救济仍在思想情感的深厚化，而不在语文的铺张炫耀。但是平庸的作家往往不懂得这简单的道理，以为文学只是雕章琢句❷就可以了事，于是"修辞学"成为一种专门学问，而文学与雄

❶ 时候：原书为"时会"。后同。

❷ 雕章琢句：像雕刻一样对文章的字句仔细斟酌的修饰。出自宋代俞文豹《吹剑录》："此岂舒笺点翰，雕章琢句者所能出此！"雕，雕刻；章，文章；琢，雕刻玉石；句，句子。

辩混为一谈。从文学史看，文学到了专在修辞家所谓"词藻"上显雕虫小技时，往往也就到了它的颓废时期。文学与雄辩的分别，穆勒（J. S. Mill）❶ 说得最好："雄辩是使人听见的（heard），诗是无意中被人听见的（overheard）。当言说非自身就是目的而是达到一种目的之手段时……当情感的表现带着有意要在旁人心上产生一个印象时，那就不复是诗而变为雄辩了。"穆勒虽专指诗，其实凡是纯文学都与诗一理。雄辩意在炫耀，文学须发于真心，心里有那样的话非那样说出不可，一炫耀就是装点门面，出空头支票。所以诗人魏尔伦❷（Verlaine）在《论诗》的诗里大声疾呼："抓住雄辩，扭断它的颈项！"

　　一个作家有一个作家的风格，一时代或一学派也带有它的特殊风格。在欧洲，"古典的""浪漫的""写实的"是几种重要的不同的作风；在中国，文则六朝与唐宋，诗则选体与唐，唐与宋，词则花间与北宋，北宋与南宋，各有各的特殊风味。这种分别固然有一部分是实在的，它的根源在脾胃和眼光的不同；但是也有一部分是由文学史家和批评家夸张出来的，真正完美的文学都必合于一些基本的条件，纯粹是"古典的"或纯粹是"浪漫的"作家往往不是第一流作家。

❶ 穆勒（J. S. Mill，1806-1873）：英国心理学家、哲学家和经济学家。在哲学方面的主要著作有《论自由》（1859）。

❷ 魏尔伦（Paul Verlaine，1844-1896）：法国诗人。代表作有《农神体诗》《美好之歌》《智慧》等。

一种风格流行到相当时期以后，有时容易由呆板而僵硬腐朽，穷则必变，于是一个反动跟着来，另一种风格代起。但是过些时候，这种新风格又变成旧的，引起另一个反动，有时打开另一新径，也有时回转到曾经一度放弃的旧径，这种"趣味的旋转❶"是文学演进的自然现象。但是虚心静气的读者和作者当不为一时风气所囿，知道每一种风气中都可以有好作品，承认它们的不同，但是不必强分优劣。

　　这个原则可以应用到关于风格的另一些区别。中国批评家常欢喜谈阳刚与阴柔、浓丽与清淡、朴直与委婉、艰深与平易之类分别，而且各阿其所好，喜清淡就骂浓丽，喜浓丽就瞧不起清淡。西方批评家也有同样的脾气。这些分别有时起于作者的个性，是苏东坡那样的人，就会持铜琶铁板，唱"大江东去"；是柳耆卿❷那样的人，就会执红牙板，歌"杨柳岸晓风残月"；也有时起于所写情境的分别，王摩诘❸写田园山林之乐固然清淡，写宫殿的排场还是很浓丽。这都是自然而然，不假做作的。如果与作者个性相称，与题材内容相称，各种不同的风格都可以有好文章。最忌讳的是情思枯涩而要装浓丽，情思平庸而要显得艰深，性格偏于阴柔而要张牙露爪地卖弄阳刚。说来说去，还是回到

❶ 旋转：原书为"漩转"。后同。

❷ 柳耆卿：即柳永（约987-约1053），字耆卿，排行第七，又称柳七。北宋著名词人，婉约派创始人。代表作有《雨霖铃》《八声甘州》《凤栖梧》等。

❸ 王摩诘：即王维（701-761），字摩诘，号摩诘居士，唐朝著名诗人、画家，有"诗佛"之称。受禅宗影响很大，精通佛学，精通诗、书、画、音乐等，与孟浩然合称"王孟"。重要诗作有《相思》《山居秋暝》等。

❶ 出自《周易·乾》："修辞立其诚，所以居业也。"意为：写文章应表现出作者的真实意图，不可作虚饰浮文。诚，真心实意。

我们对于表现的基本主张，思想必须与语文同一，人格必须与风格同一。这就是《易经》所说的"修辞立其诚"**❶**。

九　文学与语文（下）
——文言、白话与欧化

摆在我面前的是一本新出版的刊物，里面劈头一篇就是一位大学中文系主任❶谈《中国文学系之精神》的文章。他郑重申明"本系之精神，力矫流俗，以古为则"。他很痛心疾首地骂"无识之徒，倡导白话，竞煽小调，共赏伧言，谓合自然，呼为天籁"；同时又骂"诡异之徒，轻议旧业，谓为陈腐，以西体为提倡，创造为号召"。他反对白话的理由是"语言之与文学本有区分，俗曲之与雅奏岂能并论！……文学自有艺术之高下，岂村童野老之所能工？且自然与白话有殊，古

❶ 指当时中央大学中文系主任汪国垣（1887-1966），字笠云，后改字辟疆，近代目录学家、藏书家。著有《光宣诗坛点将录》《近代诗人述评》，均为近代诗学的重要著作。

典非故实之谓。……自然须自艰苦中来，非白话之能期，而古典为经世之必需，尤非可以邪说抹杀"；至于西体不应提倡，是因为："文学有语言文字之殊，文法声韵之异，是有国别，岂可强同？……文字创造乃自然之演进，必以旧业为基，岂可斩绝历史，刮灭前言，而以异邦异物，强相改易？"

这篇文章很可以代表许多维护国学者对于近年来白话运动和欧化运动的反响。我认识的朋友中持这种"以古为则"的态度的人颇不少，而且他们不尽是老年人，我知道上面所引的文章的作者比我较年轻，因为我和他曾有一面之雅。我很明白他们这一批人的立场，也很同情他们的诚恳；可是我碰巧站在"无识之徒"与"诡异之徒"一边，对于他们的见地不能心悦诚服。一般人似以为新旧之争已成过去，不肯再提这老问题，上引一文可以证明它并未完全过去。本来事实胜于雄辩，无论站在旧的或新的一边，最有力的武器是作品；到最后哪[1]一派能产生最有生命的作品，哪一派就会胜利。不过不正确的思想和理论也可以迷惑视听，用人工的歪曲或阻碍自然的进展；所以关于新旧之争，在思想与理论上多加检讨，还是有益的。

这问题还与我们所讨论的文学与语文的关系密切

❶ 哪：原书为"那"。后同。

相关。它是目前最切实际的一个问题。在讨论它以前，我须向"以古为则"者申明，我从识字到现在，四十年不间断地在读旧书，从前也做过十几年的古文，我爱护中国旧诗文的热忱也许不在他们之下，可是我也常在读新文学作品，做过二十年左右的白话文；我的职业是教外国文，天天都注意到中文和西文的同异。我也经过骂"无识之徒"与"诡异之徒"那么一个阶段，现在觉得"无识"与"诡异"的不是旁人而是当年的自己。事非经过不知难，我希望"登泰山而小天下"❶的诸公多登一些高峰，然后再作高低大小的比较。成见、固执和意气永远是真理的仇敌。

　　先说文言与白话。"文学自有艺术之高下"，谁也不否认，不过"艺术之高下"以用文言与用白话做标准来定，似大有问题。无论用哪一种语文做媒介，是文学作品就得要符合文学的基本条件：有话说，说得好。这两层都需要思想的锐敏与谨严，都颇不是易事，用文言或用白话都不能天生地减去思想上的困难。思想的工作做到家，文言文可以做得好，白话文也还可以做得好。"自然须从艰苦中来"，白话文作者也是如此想："非白话之能期"，这句话就不像"从艰苦中来"的。文言文所能有的毛病，白话文都能有；白话文所

❶ 出自《孟子·尽心上》。意为：（孔子）登上了泰山，觉得天下变小了。指人的视点越高，视野就越宽广。随着视野的转换，人们对人生与世界也会有新的领悟。

83

能有的毛病，文言文也在所不免。浮浅、俗滥、空洞、晦涩、流滑，都不是哪一方面的专利品。如果说文言文比白话文简洁，我大致可承认；但这也看作者的能力，白话文也还是可以简洁。比如说，上文所引的"以西体为提倡"一句话，用白话来说，"提倡西体"就很够，用不着"以……为"。"以西体为提倡"读起来像很顺口，但是想起来似不如"以古为则"那样合逻辑。文言有时可以掩盖文章的毛病，这是一个眼前的例证。如果不为篇幅所限，这种例证我可以举得很多。

从语文的观点看，文言与白话的分别也只是比较的而不是绝对的。活的语文常在生长，常在部分地新陈代谢。在任何一个时期，每一个活的语文必有一部分是新生的，也必有一部分是旧有的。如果全是旧有的，它就已到了衰死期；如果全是新生的，它与过去语文就脱了节，彼此了不相干。我们中国语文虽然变得很慢，却也还是活的，生长的，继续一贯的。这就是说，白话也还是从文言变来的，文言与白话并非两种截然不同的语文。不但许氏《说文》❶里面的字有许多到现在还在口头流传，就是《论语》《孟子》《左传》《史记》一类古典的字句组织法也还有许多是白话所常用的。我们如果硬要把文言奉为天尊，白话看成大逆

❶《说文》：即《说文解字》。作者是东汉的经学家、文字学家许慎。《说文解字》成书于汉和帝永元十二年（100年）到安帝建光元年（121年），是我国第一部按部首编排的字典。

不道，那就无异于替母亲立贞节牌坊，斥她的儿子为私生子，不让他上家谱。

　　白话的定义容易下，它就是现在人在口头说的语文；文言的定义却不易下，如果它指古语，指哪一时代的古语呢？所谓"用文言作文"只有三个可能的意义。一是专用过去某一时代的语文，学周秦人说话，或是学两汉人说话。这是古文家们所提倡的。这种办法没有很充足的理由，从前似已有人反对过，并不限于现在"无识之徒"。而事实上这也未必真正可以办到。比如先秦诸子在同时代写文章，所用的语文却往往彼此相差很远。我们以哪一家为标准呢？第二种办法是杂会过去各时代的语文，任意选字，任意采用字句组织法。比如在同一篇文章里，这句学《论语》，那句学《楚辞》，另一句学《史记》，另一句又学归震川❶；只要是字，无论它流行于哪一个时代，都一律采用。多数文言文作者口里尽管只说周秦两汉，实际上都是用这个"一炉而治之"的办法。这种办法的长处在丰富，短处在驳杂芜乱，就在讲古文义法的人们看来，也未必是正路。第三种办法是用浅近文言。所谓"浅近文言"是当代人易于了解的文言，一方面冷僻古字不用，奇奥的古语组织法不用；一方面也避免太俚

❶ 归震川：即归有光（1506—1571），字熙甫，明代散文家，由于归有光在散文创作方面的极深造诣，在当时被称为"今之欧阳修"，后人称赞其散文为"明文第一"，著有《震川集》《三吴水利录》等。

❶ 以往：原书为"已往"。后同。

❷ 左丘明（约前502-约前422）：春秋末期史学家、文学家、思想家，曾任鲁国史官，为解析《春秋》而作《左传》（又称《左氏春秋》），又作《国语》。

❸ 王充（27-约97）：东汉思想家，代表作有《讥俗节义》《政务》《论衡》等。

俗的字和太俚俗的口语组织法。以往❶无心执古而自成大家的作者大半走这条路，我想孟子、左丘明❷、司马迁、王充❸、陶潜、白居易、欧阳修、王安石、苏轼一班人都是显著的代表。看这些人的作品，我们可以看出两点：第一，他们的语文跟着时代变迁，不悬某一代"古文"做标准，泥古不化；第二，他们的原则与白话文的原则大致相近，就是要求语文有亲切生动的表现力与平易近人的传达力，作者写起来畅快，读者读起来也畅快。

好的白话文比起似六朝而非六朝，似唐宋而非唐宋的文言文，好处就在这两点。第一，就作者自己说，语文与思想，语文与实际生活经验，都有密切的关联。在实际生活中，他遇着不开心的事，"哎"的叹一口气，心里想着这声叹息还是想着"哎"，传达这情感于语文时也还是写"哎"，这多么直截了当！你本想着"哎"，而偏经一道翻译手续，把它写成"呜呼"甚至于"于戏"，这又何苦来？古人在用"呜呼""于戏"时，还是和我们现在用"哎"一样叹气，古人可以用"呜呼""于戏"，我们何以一定不可以用"哎"？这还是小事，最紧要的是现时名谓字与拿来代替的古代名谓字所指的常不完全相同。东南大学只是东南大学，你要叫它"南雝"；行政专员只是行政专员，你要叫他"太守"或"刺史"。这不但不自然，而且也不忠实。"以古为则"者似没有理会"修辞立其诚"一句古训。

其次就读者说，流行的语文对于他比较亲切，你说"呜呼"，他很冷淡地抽象地想这两字的意义；你说"哎"，这声音马上就钻进他的耳朵，钻进他的心窝，使他联想起自己在说"哎"时的那种神情。读白话文，他仿佛与作者有对谈之乐，彼此毫无隔阂；读文言文，尤其读现代人的文言文，他总不免像看演旧戏，须把自己在想象中搬到另一种世界里去，与现实世界隔着一层。还不仅此，读文言文须先有长时期的辛苦训练，才能彻底了解。这种训练原来是有益的，不过我们不能希望一般读者都有。一般读者知道东南大学是东南大学，不知道所谓"南雝"，并没有多大妨碍；你偏要他因为不知道"南雝"就不知道东南大学，以为非如此不足以"挽救颓风"，这就未免执古不化了。

做白话文是一件事，读古典另是一件事。现在一班"以古为则"者以为既提倡白话文就必须废弃古典，这其实是过虑。就逻辑说，这两件事中间并无必然关系。就事实说，做白话文的人们谈古典的还是很

❶ 南雝（nán yōng）：亦作"南雍"。明代称设在北京的国子监为"北雍"，设在南京的国子监为"南雍"。雍，辟雍，古之大学。明吴节撰有《南雍志》十八卷，后黄佐增损成二十四卷。

❶ 吴敬梓（1701-1754）：
清代小说家，代表作有
《儒林外史》《文木山房
文集》。

❷ 朱元晦：即朱熹（1130-
1200），字元晦，又称紫阳
先生，宋代著名的理学
家、思想家、哲学家、
教育家，代表作有《四
书章句集注》《楚辞集
注》《晦庵词》等。

❸ 王阳明：即王守仁
（1472-1529），自号阳
明，学者称之为阳明先
生。明代最著名的思想
家、文学家、哲学家
和军事家，代表作有
《王阳明全集》《传习
录》《大学问》等。

多，施耐庵、曹雪芹、吴敬梓❶们没有读过古典？朱元晦❷、王阳明❸一班语录的作者没有读过古典？就西方各国来说，每一个时代的作者都只用当时流行的语文，可是没有一个很重要的作者不研究前代的名著。原因很简单，他们要利用前人在数千百年中所逐渐积蓄的经验，要承继历史的遗产。文学与语文都有长久的历史，前人已得的成就是后人前进的出发点。后人对于前人的传统不是因袭，就是改革。无论是因袭或是改革，都必须对于传统有正确的了解。我们尽管做白话文，仍须认清文言文的传统，知道它的优点和弱点，才知道哪些地方可因袭，哪些地方可改革。现代语文是由过去语文蜕化出来，所以了解文言文对于运用白话还是有极大的帮助。丢开技巧不说，单说字汇。拿文盲和读书人比较，读书人的字汇无疑地较为丰富。在文盲听起来莫知所云的，在读书人却是寻常口语。超出于文盲所有的那部分字汇当然从书本上得来。各国语文都常有古字复活的现象。这复活往往由文章逐渐蔓延到口语。在今日中国，复活古字尤其紧要，因为通常口语字汇过于贫乏，把一部分用得着的古字复活起来，一方面可以增加白话文的表现力，一方面也可以使文言与白话的距离变小，文章读起来不太难，通常说话也不太粗俗不精确。单就扩充字汇来说，研究文言文的古典，确是写作家应有的准备。我们只略取现在人写的较好的白话文来作一个分析，就知道古字复活正在大量地进行，也就知道白话文仍然可以承继一部分文言文的遗产，历史的赓续性并不致因为放弃文言就被打断。

"以古为则"者看不起白话文，以为它天生是下贱的，和乡下佬说的话一样粗俗，他们以为用文言才能"雅"。这种误解一半起于他们的固执，不肯虚心研究白话文；一半也起于初期提倡白话文者的"作文如说话"一句带有语病的口号。我们尽管用白话，作文并不完全如说话。说话时信口开河，思想和语文都比较粗疏；写作时有斟酌的时间，思想和语文都比较缜密❶。这在两方面可以见出。头一点是用字，说话用的字比较有限，作文用的字比较丰富。无论在哪一国，没有人要翻字典去谈话，可是作文和读文却有时要翻字典。作文思想谨慎些，所以用字也比较谨慎些。一篇寻常对话，如果照实记录下来，必定有很多不精确的字。其次是语句组织。通常谈话不必句句讲文法，句句注意到声音节奏，反正临时对方可以勉强懂得就够了。至于作文，我们对于文法及声调不能不随时留

❶ 缜密：细致精密；谨慎周密。

① 乔叟（1343-1400）：英国14世纪著名诗人，代表作有《坎特伯雷故事集》《公爵夫人之书》《声誉之宫》等。

② 蒙田（1533-1592）：法国文艺复兴后期、十六世纪人文主义思想家。他是启蒙运动以前法国的一位知识权威和批评家，是一位人类感情的冷峻的观察家，亦是对各民族文化，特别是西方文化进行冷静研究的学者。主要作品有《尝试集》《蒙田随笔全集》。

意。所以"写的语文"（written language）和"说的语文"（spoken language）在各国都不能完全一致。"写的语文"不一定就是文言，例如现在西方作家尽管研究但丁、乔叟❶、蒙田❷、莎士比亚诸古代作者，写作时并不用这些作者所用的语文（可以说是西方的文言），这一点是拥护古文者所忽略的。至于雅俗并不在文之古今，《诗经》《楚辞》在当时大体是白话，想来在当时也还可以算得"雅"，何以现在人用白话写诗文，就一定要"俗"呢？依我想，"雅"只能作艺术的或"精美纯正的"解，这并不在字本身的漂亮，而在它与情感思想的吻合。如果把"雅"看成涂脂敷粉，假装门面，那就根本没有了解文艺。我颇有一点疑心许多固执把白话看成"不雅"的"文坛耆宿"对于文艺的趣味并不很高。

我们承认白话在目前还不是一个尽美尽善的工具，它还须加以扩充和精炼。这只有两个方法，一是上文所说的接受用得着的文言文遗产，一是欧化。提起欧化，"以古为则"者听到，怕比听到白话还更痛心疾首。其实管你高兴不高兴，白话文久已在接受欧化，和它久已在接受文言文的遗产，同是铁一般的事实。这事实有它的存在理由，是自然演变所必经过的，

90

决不会被你泼妇骂街似的骂它"鄙薄""夸诞""诡异""悖谬"，就可以把它压倒的。关于欧化问题可说的话甚多，我姑且提出几点来，供虚心人衡量思索。

第一，语文和思想不能分开。思想的方式和内容变迁，语文就必跟着变迁，除非你绝对拒绝西方学术，要不然，你无法不酌量接受西方语文的特殊组织。你不能用先秦诸子的语文去"想"康德或怀特海的思想，自然也就不能用那种语文去"表现"他们的思想。如果你用很道地的中国语文翻译他们的著作，你的译文读起来愈是好中文，很可能地就愈不忠实。这道理佛经的翻译大师都知道，所以他们宁可冒"诡异"大不韪，尽量让中文印度化，不愿失去佛经原来的意义与风味。西文有根底的人们都知道林琴南❶翻译的小说尽管是"古道照颜"的中文，所得到的仅是粗枝大叶，原文的微妙处都不复存在。这虽然只是说翻译，也可以适用于写作。我们既然接受西方的哲学和文学，能不在上面体验玩索？能不采同样的思想方式去想出自己的哲学系统？能不采同样的看人生世相的眼光去创造自己的文学作品？如果这些都不是分外的事，我们必定有意地或无意地使我们的语文多少受些欧化。

第二，文化交流是交通畅达的自然结果。人类心

❶ 林琴南：即林纾（1852-1924），原名群玉，字琴南，号畏庐，别署冷红生，福建闽县（福州）人，古文家、翻译家。译作有《巴黎茶花女遗事》《吟边燕语》《伊索寓言》《黑奴吁天录》《（汤姆叔叔的小屋》）等。

灵活动所遵循的理本来不能有很大的差别，《易经》所以有东圣西圣心同理同的名言。但是因为有地理上的阻隔，每个民族各囿于一个区域发展它的文化；又因为历史和自然环境的关系，每个文化倾向某方面发展，具有它所特有的个性，逐渐与其他文化不同。不同的文化如果不相接触，自然不能互相影响；如果相接触，则模仿出于人类的天性，彼此截长补短往往是不期然而然的。就人类全体说，这种文化交流是值得提倡的，它可以除去各民族都难免的偏蔽，逐渐促成文化上的大同。一个民族接受其他民族的文化犹如吸收滋养料，可以使自己的文化更加丰富。这里我们大可不必听短见的狭义的国家主义作祟。"相观而善之谓摩"❶，这是我们先圣对于个人交友的看法，它也可以推广到整个民族。"见贤思齐"原来不是一件羞耻，我不了解"文坛耆宿"何以必定把接受欧化当作一件奇耻大辱。单就文学与语文来说，欧洲各国从有文学史以来，就互相影响。最显著的是英文，于今英文所保留的盎格鲁－撒克逊❷的成分极少，大部分都是从希腊、拉丁、北欧语和法文"借"来的。从十四世纪起，英国文学和语文几乎没有一时不受法国的影响。因为英文肯虚心采纳外来的成分，它才变成了世界上一种最丰富的语

❶ 出自《礼记·学记》，意为：使学生互相观摩而学习他人的长处，就叫做"摩"。

❷ 盎格鲁－撒克逊（Anglo-Saxon）：本意就是盎格鲁（Angles）和撒克逊（Saxons）两个民族结合的民族，是一个集合用语，通常用来形容五世纪初到1066年诺曼征服之间，生活于大不列颠东部和南部地区，在语言、种族上相近的民族。

文。为什么我们就觉得欧化是"腾笑友邦，毒虐国家"呢？难道我们忘记以往翻译佛典的那一大宗公案？"如是我闻"，"合掌恭敬而白佛言"，"当知，阿难，诸如来身即是法身"，"日镜相远，非和非合，不应火光，无从自有"，"以积聚义故，说名为蕴"，"所有一切众生之类，若卵生，若胎生，若湿生，若化生，若有色，若无色，若有想，若无想，若非有想，非无想，我皆令入无余涅槃而灭度之"……这些语句的组织，如果稍加分析，都是由欧化来的（因为印度文仍属印度欧罗巴系）。何以古人接受欧化可成经典，我们主张接受欧化，就是大逆不道？

　　所谓欧化，当然不仅指语文，体裁和技巧也应当包含在内。有了《佛本行赞》和《唐三藏游西域记》那样长篇传记并游记的模范，我想不出理由我们一定要学司马迁和柳宗元。元曲固然有它的优点，要在近代舞台上演，写莎士比亚、易卜生、契诃夫❶那种样式的剧本，似也未见得就损失尊严。我们不必从西方小说的观点去轻视《水浒传》或《红楼梦》，但是现代中国作家采用西方技巧所写的小说似也有相当的成绩。此外，说理的文章如果能采用柏拉图《对话集》❷那样深入浅出，亲切有趣的方式，或是康德《纯粹理性的

❶ 契诃夫：原书为"柴霍甫"。

❷《对话集》：即《柏拉图对话集》，柏拉图的主要哲学思想都是通过对话的形式记载下来的。

① 《纯粹理性的批判》：
被公认为是德国哲学
家伊曼努尔·康德流
传最为广泛、最具影
响力的著作，同时也
是整个西方哲学史上
最重要和影响最深远
的著作之一。原书为
《纯理批判》。

② 《文心雕龙》：中国南
朝文学理论家刘勰创
作的一部文学理论著
作，它是中国文学理
论批评史上第一部有
严密体系的文学理论
专著。

③ 毋庸：原书为"无用"。
后同。

批判》❶那样有系统有条理的方式，似也不一定就要比"论说""语录"体逊色。我颇怀疑刘彦和如果不精通佛理，能否写出那样颇有科学系统组织的《文心雕龙》❷。对于这些问题我不敢武断，我希望"文坛耆宿"不必持"拒人于千里之外"的态度，把它们加一番虚心检讨。

第三，中国语文的优点很多，我们不必否认，但是拿欧洲语文来仔细比较，它有不少的弱点，我们似亦毋庸❸讳言。举几个最显著的来说。动词自身不能表示时间性，虽然有"曾""已""正""将"之类副词可用，普通人写作却不常拿来用，所以要明白动作的时间先后次第，我们常须依文义猜测。文法本由习惯形成，在语文是文法，在思想就是逻辑。我们多数人的思想都缺乏谨严的逻辑，所以用语文很少注意文法的习惯，一句话有时没有主词，有时没有主要动词。主动词和被动词有时在形式上可以无分别。最重要的是关系代名词和关系连续词的缺乏，因此写复合句颇不容易，西文所有的紧凑的有机组织和伸缩自如的节奏在中文中颇难做到。我们很少用插句的习惯，在一句话之中有一个次要的意思临时发生，或是须保留某一个条件，或是须作一个轻淡的旁敲侧击，我们很不容易顺着思想的自然程序与轻重分寸把它摆进那一句话里；要把它说出，只好另来一句。这个欠缺使语文减少弹性和浓淡阴影。只知道中文而不知道西文的人们自然不会感觉到这些欠缺不方便，知道西文而没有做翻译工作的人或许也不感觉到它们的严重，但是忠实的翻译者都会明白我说这番话的甘苦。各国语文习惯本各不相同，我们固然不能拿西文文法来衡量中文，但是上述几种欠缺不全是习惯问题而是思想的谨严与松懈问题。如果我们能了解西文在这几方面确比中文好，我们似没有理由说中文不应把好的地方接受过来。

根据上面三层理由，我以为久已在进行的欧化运动是必须继续进行的。这不是一件易事，我明白；它可以弄得很糟，我也不否认。采用欧化的作者有两点须特别留意。头一点是不要生吞活剥。各国语文都有它的特性（法国人所谓 génie），我们在大体上不能违反它。如果一句话依中文习惯可以说得同样精确有力，我们就绝对不能欧化它；欧化须在表现上有绝对必要时才可采用。第二点是不要躁进偾事❶。语文是逐渐生长的，我们不能希望一个重大的变动一蹴而就。一个作者的语文如果欧化到一般读者不易了解接受的程度，那反引起不必要的麻烦。群众需要按部就班的训练。

❶ 偾事：败事。出自《礼记·大学》。

★ 这一代所认为欧化的，
下一代就习惯成自然。

这一代所认为欧化的，下一代就习惯成自然；这一代欧化得轻微一点，下一代欧化得彻底一点，如此逐渐下去，到适可程度为止，也许可以免除许多固执者的少见多怪。照我看，这是自然的大势所趋。

十　作者与读者

作者心目中应不应该有读者呢？他对于读者应该持怎样一种态度呢？初看起来，这问题好像值不得一问，但实在是文学理论中一个极重要的问题。文艺还只是表现作者自己就算了事，还是要读者从这表现中得到作者所要表现的情感思想？作者与读者的资禀经验和趣味决难完全一致，作者所自认为满意的是否叫读者也就能同样地满意？文艺有无社会性？与时代环境有无关系？每时代的特殊的文艺风气如何养成？在文艺史上因袭❶和反抗两种大势力如何演变？文艺作品何以有些成功，有些失败，有时先成功的后失败，先失败的后成功？这种种问题实在都跟着作者与读者的

❶ 因袭：效仿。指沿用过去的规章制度或方式方法。

关系究应如何一个基本问题旋转。

我从前在《论小品文》一封公开信里曾经主张道："最上乘的文章是自言自语"，它"包含大部分纯文学，它自然也有听众，但是作者的用意第一是要发泄自己心中所不能不发泄的。这就是劳伦斯❶所说的'为我自己而艺术'"。于今回想，这话颇有语病。当时我还是克罗齐的忠实信徒。据他说，艺术即表现，表现即直觉，直觉即情感与意象相交而产生具体形式的那一种单纯的心灵综合作用。所以艺术的创造完全在心里孕育，在心里完成。至于把心里所已完成的艺术作品用文字符号记载下来，留一个永久固定的痕迹，可以防备自己遗忘，或是传给旁人看，这只是"物理的事实"，犹如把乐歌灌音到留声机片上，不能算是艺术的活动。备忘或是准备或是感动旁人，都有实用目的，所以传达（即以文字符号记载心里所成就的形象）只是实用的活动。就艺术家之为艺术家而言，他在心中直觉到一种具体意象恰能表现所要表现的情感，他就已完全尽了他的职责。如果他不止于此，还要再进一步为自己或读者谋便利，把自己所独到的境界形诸人人可共睹的文字，他就已放弃艺术家的身份❷而变为实用人了。这第二步活动尽管如何重要，却不能与艺术

❶ 劳伦斯（1885-1930）：20世纪英国作家，代表作有《查泰莱夫人的情人》《恋爱中的女人》《儿子与情人》等。原书为"劳伦司"。

❷ 身份：原书为"身分"。后同。

的创造相混。严格地说，真正的艺术家都是自言自语者。

这一套理论是上引一段话中"最上乘的文章是自言自语"一句话所由来。克罗齐的学说本有它的谨严的逻辑性，纯从逻辑抽象分析，颇不容易推翻。不过这种看法显然和我们的常识违反。它向常识挑衅，常识也就要向它挑衅。这两个敌阵在我心中支持过很长期的争斗。克罗齐所说的艺术人与实用人在理论上虽可划分，在实际上是否截然两事互不相谋呢？艺术家在创作之际是否完全不受实用目的影响呢？假如偶然也受实用目的影响，那影响对于艺术是否绝对有损呢？假如艺术家止于直觉形象与自言自语而不传达其心中蕴蓄，艺术的作用就止于他自身，世间许多有形迹可求的艺术作品是否都是枝指骈拇❶呢？这些问题常在我心中盘旋。于是我在事实中求解答，我发现常识固然不可轻信，也不可轻易抹煞。每时代的作者大半接受当时所最盛行的体裁。史诗、悲剧、小说、五七言诗和词曲，都各有它的特盛时代。作者一方面固然因为耳濡目染，相习成风，一方面也因为流行体裁易于为读者接受和了解。荷马和莎士比亚之类大家如果不存心要得到当时人玩赏，是否要费心力去完成他们

❶ 出自《庄子·骈拇》："骈拇枝指，出乎性哉，而侈于德。"骈，合；骈拇：脚上的拇指与第二趾合成一趾；枝指：手上大拇指旁多生一指。用来比喻多余的、无用的东西和形容重叠并连的物体。

伟大的作品，我以为大是问题。近代作者几乎以写作为职业，先存一个念头要产生作品，而后才去找灵感，造成艺术的心境，所谓"由文生情"，正不少于"因情生文"。创造一件作品，藏在心中专供自己欣赏，和创造一件作品，传达出来求他人欣赏，这两种心境大不相同。如果有求他人欣赏的"实用目的"，这实用目的决不能不影响到艺术创作本身上去。姑举一例，小说、戏剧常布疑阵，突出惊人之笔（英文所谓 suspense and surprise），作者自己对于全局一目了然，本无须有此，他所以出此，大半为着要在读者心中产生所希望的效果。由此类推，文艺上许多技巧，都是为打动读者而设。

从这个观点看，用文字传达出来的文艺作品没有完全是"自言自语"的。它们在表面上尽管有时像是向虚空说话，实际上都在对着读者说话，希冀❶读者和作者自己同样受某一种情趣感动，或是悦服某一点真理。这种希冀克罗齐称之为"实用目的"。它尽管不纯粹是艺术的，艺术却多少要受它的影响，因为艺术创造的心灵活动不能不顾到感动和说服的力量，感动和说服的力量强大也是构成艺术完美的重要成分。

感动和说服的希冀起于人类最原始而普遍的同情心。人与人之间，有交感共鸣的需要。每个人都不肯

❶ 希冀：希望。

100

将自己囚在小我牢笼里，和四周同类有墙壁隔阂着，忧喜不相闻问。他感觉这是苦闷，于是有语言，于是有艺术。艺术和语言根本是一回事，都是人类心灵交通的工具，它们的原动力都是社会的本能。世间也许有不立文字的释迦，不制乐谱的贝多芬，或是不写作品的杜甫，只在心里私自欣赏所蕴蓄的崇高幽美的境界，或私自庆幸自己的伟大，我们也只能把他们归在自私的怪物或心理有变态者一类，和我们所谈的文艺不起因缘。我们所谈的文艺必有作品可凭，而它的作者必极富于同情心，要在人与人之中造成情感思想的交流汇通，伸张小我为大我，或则泯没小我于大我，使人群成为一体。艺术的价值之伟大，分别地说，在使各个人于某一时会心中有可欣赏的完美境界；综合地说，在使个人心中的可欣赏的完美境界浸润到无数同群者的心里去，使人类彼此中间超过时空的限制而有心心相印之乐。托尔斯泰❶说："艺术是一种'人性活动'，它的要义只是：一个人有意地用具体的符号，把自己所曾经历的情感传给旁人，旁人受这些情感的传染，也起同感。"因此，他以为艺术的功用，在打破界限隔阂，"巩固人和人以及人和上帝的和合"。克罗齐派美学家偏重直觉，把艺术家看成"自言自语者"，

❶ 托尔斯泰（1828–1910）：俄国伟大的批判现实主义作家，是20世纪世界文学史上最杰出的作家之一，他被称颂为具有"最清醒的现实主义"的"天才艺术家"。主要作品有长篇小说《战争与和平》《安娜·卡列尼娜》《复活》等。

就只看到艺术对于个人的意义与价值；托尔斯泰着重情感的传染，把艺术家看成人类心灵的胶漆，才算看到艺术对于人群的意义与价值。两说本可并行不悖❶，合并起来，才没有偏蔽。总之，艺术家在直觉形象时，独乐其乐；在以符号传达所直觉之形象时，与人同乐。由第一步活动到第二步活动，由独赏直觉到外现直觉以与人共赏，其中间不容发，有电流水泻不能自止之势。如将两步活动截然划开，说前者属于"艺术人"，后者属于"实用人"，前后了不相涉，似不但浅视艺术，而且把人看得太像机械了。实际上艺术家对于直觉与传达，容或各有偏重（由于心理类型有内倾外倾之别）；但止于直觉而不传达，或存心传达而直觉不受影响，在我看来，都像与事实不很符合。

艺术就是一种语言，语言有说者就必有听者，而说者之所以要说，就存心要得到人听。作者之于读者，正如说者之于听者，要话说得中听，眼睛不得不望着听众。说的目的本在于作者读者之中成立一种情感思想上的交流默契；这目的能否达到，就看作者之所给与是否为读者之所能接受或所愿接受。写作的成功与失败一方面固然要看所传达的情感思想本身的价值，一方面也要看传达技巧的好坏。传达技巧的好坏大半

❶ 并行不悖：彼此同时进行，不相妨碍。

要靠作者对于读者所取的态度是否适宜。

　　这态度可以分为不视、仰视、俯视、平视四种。不视即目中无读者。这种态度可以产生最坏的作品，也可以产生最好的作品。一般空洞议论，陈腐讲章，枯燥叙述之类作品属于前一种。在这种作品中，作者向虚空说话，我们反复寻求，找不出主人的性格，嚼不出言语的滋味，得不着一点心灵默契的乐趣。他看不见我们，我们也看不见他，我们对面的只是一个空心大老倌！他不但目中无读者，根本就无目可视。碰到这种作者，是读者的厄运。另有一种作品，作者尽管不挺身现在我们面前，他尽管目中不像看见有我们存在，只像在自言自语，而却不失其为最上乘作品。莎士比亚是最显著的例。他写戏剧，固然仍是眼睛望着当时戏院顾主，可是在他的剧本中，我们只看见形形色色的人物活现在眼前，而不容易抓住莎士比亚自己。他的嬉笑怒骂❶像是从虚空来的，也是像朝虚空发的。他似无意要专向某一时代、某一国籍或某一类型的人说话，而任何时代、任何国籍、任何类型的读者都可以在他的作品中各见到一种天地，尝到一种滋味。他能使雅俗共赏，他的深广伟大也就在此。像他这一类作者，我们与其说他们不现某一片面的性格，毋宁❷

❶ 嬉笑怒骂：原书为"喜笑怒骂"。

❷ 毋宁：原书为"无宁"。后同。

说他们有多方的丰富的性格；与其说他们"不视"，不如说他们"普视"。他们在看我们每一个人，我们却不容易看见他们。

普视是最难的事。如果没有深广的心灵，光辉不能四达，普视就流于不视。普视是不朽者所特有的本领，我们凡人须择一个固定的观点，取一个容易捉摸的态度。文书吏办公文，常分"下行上""上行下"、"平行"三种。作者对于读者也可以取三种态度，或仰视，或俯视，或平视。仰视如上奏疏，俯视如颁诏谕，平视则如亲友通信叙家常，道衷曲。曾国藩在《经史百家杂钞》的序例里仿佛曾经指出同样的分别。我们所指的倒不限于在选本上所常分开的这几种体类，而是写任何体类作品时作者对于读者所存的态度。作者视读者或是比自己高一层，或是比自己低一层，或是和自己平行。这几种态度各有适合的时机，也各随作者艺术本领而见成败，我们不能抽象地概括❶地对于某一种有所偏袒。《颂诗》是取仰视的态度。《先知书》是取俯视的态度。其他叙述史事诸书只像一个人向他的同胞谈论往事，是取平时的态度。它们在文艺上各臻胜境。仰视必有尊敬的心

❶ 概括：原书为"赅括"。后同。

情，俯视必有爱护的心情，平视必有亲密的心情，出乎至诚，都能感动。

在仰视、俯视、平视之中，我比较赞成平视。仰视难免阿谀逢迎。一个作者存心取悦于读者，本是他的分内事，不过他有他的身份和艺术的良心，如果他将就读者的错误的见解，低级的趣味，以佞婢俳优的身份打诨呐喊，猎取世俗的炫耀，仰视就成为对于艺术的侮辱。一个作者存心开导读者，也本是他的分内事，不过他不能有骄矜气，如果他把自己高举在讲台上，把台下人都看成蒙昧无知，盛气凌人地呵责他们，讥笑他们，教训他们，像教蒙童似的解释这样那样，俯视就成为对于读者的侮辱。世间人一半欢喜人捧，另一半欢喜人踩，所以这两种态度常很容易获得世俗上的成功。但是从艺术观点看，我们对这种仰视与俯视都必须深恶痛嫉。因此，我不欢喜×××先生（让问心有愧的作者们填进他们自己的姓名），也不欢喜萧伯纳❶。

我赞成平视，因为这是人与人中间所应有的友谊的态度。"酒逢知己饮，诗向会人吟。"我们心中有极切己的忧喜，极不可为俗人言的秘密，隐藏着是痛苦，

❶ 萧伯纳（1856-1950）：爱尔兰剧作家，1925年因为作品具有理想主义和人道主义而获诺贝尔文学奖，是英国现代杰出的现实主义戏剧作家，是世界著名的擅长幽默与讽刺的语言大师。代表作有《圣女贞德》《伤心之家》等。

于是找知心的朋友去倾泻，我们肯向一个人说心事话，就看得起他这位朋友，知道在他那方面可以得到了解与同情。文艺所要表现的正是这种不得不言而又不易为俗人言的秘密。你拿它向读者吐露时，就已经假定他是可与言的契友。你拿哀乐和他分享，你同情他，而且也希望得到同情的回报。你这种假定，这种希望，是根据"人同此心，心同此理"❶ 这个基本原则。你传达你的情感思想，是要在许多"同此心"的人们中取得"同此理"的印证。这印证有如回响震荡，产生了读者的喜悦，也增加了作者的喜悦。这种心灵感通之中不容有骄矜，也不容有虚伪的谦逊，彼此须平面相视，赤心相对，不装腔作势，也不吞吐含混，这样的❷人与人可以结成真挚的友谊，也是这样的作者与读者可以成立最理想的默契。凡是第一流作家，从古代史诗悲剧作者到近代小说家，从庄周❸、屈原、杜甫到施耐庵、曹雪芹，对于他们的读者大半都持这种平易近人的态度。我们读他们的作品，虽然觉得他们高出我们不知若干倍，同时也觉得他们诚恳亲切，听得见他们的声音，窥得透他们的心曲，使我们很快乐地发现我们的渺小的心灵和伟大的心灵也有共通之点。"尚友古人"的乐趣就在此。

❶ 指合情合理的事，大家想法都会相同。出自《孟子·告子上》："欲贵者，人之同心也。"

❷ 的：原书为"地"。后同。

❸ 庄周：即庄子，战国时期著名的思想家、哲学家、文学家，道家学说的主要创始人之一，老子思想的继承和发展者。后世将他与老子并称为"老庄"。他们的哲学思想体系，被思想学术界尊为"老庄哲学"。代表作品为《庄子》。

诚恳亲切是人与人相交接的无上美德，也是作者对于读者的最好的态度，文化愈进，人与人的交接不免有些虚伪节仪，连写作也有所谓"礼貌"。这在西文中最易见出。记得我初从一位英国教师学作文时，他叮咛嘱咐我极力避免第一人称代名词。分明是"我"想"我"说，讲一点礼貌，就须写"我们想""我们说"。英、德、法文中单数"你"都只能用于最亲密的人，对泛泛之交本是指"你"时却须说"你们"。事实上是我请你吃饭，正式下请贴却须用第三人称。"某某先生请某某先生予以同餐的荣幸。"有时甚至连有专指的第三人称都不肯用，在英、法文中都有非你非我非他而可以用来指你指我指他的代名词（英文的 one、法文的 on）。在这些语文习惯琐例中，我们可以看出人们有意要在作者与读者（或说者与听者）之中辟出所谓"尊敬的距离"，说"你"和"我"未免太显得亲密，太固定，说"你们"和"我们"既客气又有闪避的余地。说"张某李某"未免无忌惮❶，说实虽专指而貌似泛指的 one 或 on，那就黏染不到你或我了。一般著作本都是作者向读者说话，而作者却装着向虚空说话，自己也不肯露面，也正犹如上举诸例同是有"客气"作祟。这种客气我认为不仅是虚伪，而且是愚笨，

❶ 忌惮：顾虑畏惧。

❶ 骈俪文：也称"骈体
文"或"骈偶文"；因
其常用四字、六字句，
故也称"四六文"。全
篇以双句（偶句）为
主，讲究对仗的工整
和声律的铿锵。骈文这
种文体，起源于汉末，
形成于魏晋，盛行于南
北朝。骈文由于迁就句
式，堆砌辞藻，往往影
响内容表达，韩愈、柳
宗元提倡古文运动之
后，骈文渐衰。

❷《荷马史诗》：相传是
由古希腊盲诗人荷马
创作的两部长篇史诗
《伊利亚特》和《奥德
赛》的统称。《伊利亚
特》和《奥德赛》处
理的主题分别是在特
洛伊战争中，阿喀琉
斯与阿伽门农间的争
端，以及特洛伊沦陷
后，奥德修斯返回伊
萨卡岛上的王国，与
皇后珀涅罗珀团聚的
故事。

❸ 伊丽莎白：原书为"伊
利萨伯"。后同。

它扩大作者与读者的距离，就减小作品的力量。我欢喜一部作品中，作者肯说自己是"我"，读者是"你"，两方促膝谈心，亲密到法国人所说的 entre nous（"在咱俩中间"，意谓只可对你说不可对旁人说）的程度。

文艺和语言同是社会交接的工具，所以说文艺有社会性，如同说人是动物一样，只是说出一个极平凡的真理。但是我们虽着重文艺的社会性，却与一般从社会学观点谈文艺者所主张的不同。在他们看，政治经济种种社会势力对于文艺倾向有决定的力量；在我们看，这些势力虽可为文艺风气转变的助因，而它的主因仍在作者对于读者的顾虑。各时代、各派别的文艺风气不同，因为读者的程度和趣味不同。汉人的典丽的词赋，六朝人的清新的骈俪文❶，唐宋人的平正通达的古文，多少都由于当时读者特别爱好那种味道，才特别发达。中国过去文艺欣赏者首先是作者的朋友和同行的文人，所以唱酬的风气特盛，而作品一向是"斗方名士"气味很重。在西方，有爱听英雄故事的群众才有《荷马史诗》❷和中世纪传奇，有欢喜看戏的群众才有希腊悲剧和伊丽莎白❸后朝的戏剧。近代人欢喜看小说消遣，所以小说最盛行，这些都是很粗浅的事例，如果细加分析，文学史上体裁与风格的演变，都可以证明作者时时在迁就读者。

　　一个作者需要读者，就不能不看重读者；但是如果完全让读者牵着鼻子走，他对于艺术也决不能有伟大的成就。就一般情形说，读者比作者程度较低，趣味较劣，也较富于守旧性。因此，作者常不免处在两难境遇：如果一味迎合读者，揣摩风气，他的艺术就难超过当时已达到的水准；如果一味立异为高，孤高自赏，他的艺术至少在当时找不着读者。在历史上，作者可以分为两大类，有些甘心在已成立的风气之下享一时的成功，有些要自己开辟一个风气让后人继承光大。一是因袭者，守成者，一是反抗者，创业者。不过这只是就粗浅的迹象说，如果看得精细一点，文学史上因袭和反抗两种势力向来并非绝不相谋的。纯粹的因袭者决不能成为艺术家，真正艺术家也绝不一味反抗而不因袭。所以聪明的艺术家在应因袭时因袭，在应反抗时反抗。他接受群众，群众才接受他；但是他也要高出群众，群众才受到他的启迪。他须从迎合风气去开导风气。这话看来像圆滑骑墙，但是你想一想曹植❶、陶潜、阮籍❷、杜甫、韩愈、苏轼、莎士比亚、歌德、易卜生、托尔斯泰，哪一个大家不是如此？

❶ 曹植（192-232）：三国曹魏著名文学家，建安文学代表人物。曹操之子，魏文帝曹丕之弟。代表作有《白马篇》《飞龙篇》《洛神赋》等。

❷ 阮籍（210-263）：三国魏诗人，竹林七贤之一，是建安七子之一阮瑀的儿子。著有《咏怀》《大人先生传》等。

❶ 卢仝：唐代诗人，生
年不详，死于公元
835年的甘露之变，有
《玉川子诗集》一卷传
世。原书为"卢同"。

❷ 李贺（790-816）：唐代
诗人，字长吉，世人称
他为"诗鬼"。代表作
有《李凭箜篌引》《雁
门太守行》《金铜仙人
辞汉歌》《秋来》等。

❸ 未尝：原书为"未常"。
后同。

　　一般人都以为文艺风气全是少数革命作家所创成
的。我对此颇表怀疑。从文艺史看，一种新兴作风在
社会上能占势力，固然由于有大胆的作者，也由于有
同情的读者。唐代诗人如卢仝❶、李贺❷未尝❸不各
独树一帜，却未能造成风气。一种新风气的成立，表
示作者的需要，也表示读者的需要；作者非此不揣摩，
读者非此不爱好，于是相习成风，弥漫一世。等到相
当时期以后，这种固定的作风由僵化而腐朽，读者看
腻了，作者也须另辟途径。文艺的革命和政治的革命
是一样的，只有领袖而无群众，都决不能成功。作者
与读者携手，一种风气才能养成，才能因袭；作者与
读者携手，一种风气也才能破坏，才能转变。作者水
准高，可以把读者的水准提高，这道理是人人承认的；
读者的水准高，也可以把作者的水准提高，这道理也
许不那么浅显，却是同样地正确。在我们现在的时代，
作者们须从提高读者去提高自己。

十一　具体与抽象

"文章之精妙不出字句声色之间。"如果记住语文情思一致的基本原则而单从语文探求文章的精妙，姚姬传的这句话确是一语破的。在《散文的声音节奏》篇中我们已谈到声的重要，现在来讲色。所谓"色"并不专指颜色，凡是感官所接触的，分为声色嗅味触，合为完整形体或境界，都包含在内（佛典所谓"色蕴"亦广指现象界）。那篇所说的"声"侧重它的形式的成分，如音的阴阳平仄和字句段落的节奏之类；至于人物所发的声音可以帮助我们了解一种具体性格或情境的仍应归在本文所说的"色"。"色"可以说就是具体意象或形象。

★ 所谓"色"并不专指颜色，凡是感官所接触的，分为声色嗅味触，合为完整形体或境界，都包含在内。

我们接受事物的形象用感官，领会事物的关系条理用理智。感官所得的是具体意象，理智所运用的是抽象概念。在白马、白玉、白雪等个别事物所"见"到的白是具体意象，离开这些个别事物而总摄其共象❶所"想"到的白是抽象概念。理智是进一步、高一层的心理机能，但是抽象概念须从具体意象得来，所以感官是到理智的必由之路。一个人在幼稚时代，一个民族在原始时代，运用感官都多于运用理智，具体意象的力量都大于抽象概念。拿成年人和开化民族说，象仍先于理，知觉仍先于思想。因此，要人明了"理"最好的方法是让他先认识"象"（即"色"），古人所以有"象教"的主张。宗教家宣传教义多借重图画和雕刻，小学教科书必有插画，就是根据这个道理。

有些人在这中间见出文学与哲学科学的分别。哲学科学都侧重理，文学和其他艺术都侧重象。这当然没有哲学科学不要象、文艺不要理的涵义。理本寓于象，哲学科学的探求止于理，有时也要依于象；文艺的探求止于象，但也永不能违理。在哲学科学中，理是从水提炼出来的盐，可以独立；在文艺中，理是盐所溶解的水，即水即盐，不能分开。文艺是一种"象教"，它诉诸人类最基本、最原始而也最普遍的感官机能，所以它

❶ 共象：原书为"共相"。后同。

112

的力量与影响永远比哲学科学的较深厚广大。

　　文艺的表现必定是具体的，诉诸感官的。如果它完全是抽象的，它就失去文艺的特质而变为哲学科学。记得这个原则，我们在写作时就须尽量避免抽象而求具体。"他与士卒同甘苦"，"他为人慈祥"，"他有牺牲的精神"之类语句是用抽象的写法；"他在战场上受伤临危时，口渴得厉害，卫兵找得一杯水给他喝，他翻身看见旁边躺着一个受伤发热的兵，自己就不肯喝，把那杯水传过去给那伤兵说：'喝了吧，你的需要比我的更迫切！'"这才是具体的写法。仆人慌慌张张地跑去找主人说："不好了！糟了！"他还是在弄抽象的玩意儿，令人捉摸不着；等到他报告说："屋里起了火，房子烧光了，小少爷没救得出来，老太太吓昏过去了。"他才把我们引到具体的境界。"少所见，多所怪❶"，本是常理，你就以常理待它，如耳边风听过去；到了"见骆驼，言马肿背❷"，你就一惊一喜，看见一个具体的情境活现在眼前。凡是完美的诗、小说或戏剧，里面所写的人物故事和心境，如果抽象地说，都可以用三言两语总括起来，可是作者却要把它"演"成长篇大作，并非不知道爱惜笔墨，他要把人物化成有血有肉的人物，把情境化成有声有色的情境，使读

❶ 出自《怀抱子·神仙》。

❷ 出自汉代牟融《牟子》。

113

者看到，如在眼前。文艺舍创造无能事。所谓创造，就是托出一个意象世界来。从前人做寿序❶、墓志铭，把所有可赞扬人的话都堆积起来，一样话在任何场合都拿来应用，千篇一律，毛病就在不具体。现在许多人写文章还没有脱去这种习气。你尽管惊叹"那多么美丽啊！""人生多么悲哀哟！""我真爱你！"读者却不稀罕听这种空洞的话，他要你"拿出证据来"。

文学必以语文为媒介，语文的生展就带有几分艺术性。这在文字的引申义上面最容易看出。许多抽象的意义都借表达事物的字表达出来。就如这里所说的"生展"和"引申"都是抽象的意义，原来"生产""展开""牵引""欠伸"却都指具体的动作。此外如"道"（路）、"理"（玉石的文理）、"风"（空气流动）、"行"（走）、"立"（站）、"推"（用手推物）、"断"（用刀断物）、"组织"（编织丝布）、"吹嘘"（以口鼓动空气）、"联络"（系数物于一处）之类在流行语文中用来表示抽象意义（即引申义），反比用原来的具体意义更为普通。如果略知文字学者把流行语文所用的抽象字义稍加分析，他会发现它们大半都是引申义，原义大半是指具体的事物。引申大半含有比喻的意味。"行道"有如"走路"，语文的"生展"有如草木的

❶ 寿序：祝寿的文章。明代中叶以后开始盛行。

114

"发芽长叶"。比喻是文学修词中极重要的一格。小则零句，大则整篇，用具体事物比喻抽象意义的都极多。零句如"人生若梦""天地者万物之逆旅""割鸡焉用牛刀"，"鱼相忘乎江湖，人相忘乎道术""秋风弃扇知安命，小炷留灯悟养生"之类，整篇如庄子的《养生主》❶屈原的《离骚》佛典中的《百喻经》《伊索寓言》和英国班扬❷的《天路历程》❸之类都可以为例。读者如果循例推求，就可明白比喻在文学作品中如何普遍，如何重要。

在《写作练习》篇中，我们已谈到文章的作用不外说理、言情、叙事、状物四种。事与物本来就是具体的，所以叙事文与状物文比较容易具体。情感在发动时虽有具体的表现，内为生理变化，外为对人处事的态度和动作，都有迹象可寻，但是身当其境者常无暇自加省察；即自加省察，也常苦其游离飘忽，不易捉摸。加以情随境迁，哀乐尽管大致相同，而个别经历悬殊，这个人的哀乐和那个人的哀乐，这一境的哀乐和另一境的哀乐终必有微妙的分别。文学不但要抓住类型，尤其紧要的是抓住个性。在实际中哀可以一哭表现，乐可以一笑表现；但是在文学作品中，哀只言哭，乐只言笑，就决不能打动人，因为言哭言笑还

❶《养生主》：《庄子》中的一篇，此文寓说理于故事之中，意趣横生，富于启发意义。文章在提出论点后，接着就引用"庖丁解牛"的故事加以说明，通过故事来说明道理。这既能把抽象的道理阐述得明白易懂，又避免了说理的枯燥，增强了文章的生动性和形象性。

❷ 班扬：原书为"邦扬"。

❸《天路历程》：英国小说家约翰·班扬所著，该书借用了寓言和梦境的形式。

是太抽象。要读者深刻地感觉到某人在某境中哀如何哀，乐如何乐，就必须把它所伴的具体情境烘托出来。因此，言情常须假道于叙事状物。美学家谈表现，以为情感须与意象融合，就因为这个道理。《诗经》里名句"蒹葭苍苍，白露为霜，所谓伊人，在水一方，溯洄从之，宛在水中央❶"所写的是一些事物，一种情境，而所表现的却是一种情致。那种情致本身不能直接叙述或描绘，必须借"蒹葭""白露""伊人""水"这些具体的意象所组成的具体的情境才可表现出来。

在文学所用的四类材料之中，理最为抽象。它无形无声无臭亦无味触，不能由感官直接感触，只能用理智领悟。纯文学必为具体的有个性的表现，所以想把说理文抬举到纯文学的地位，颇不容易。理愈高深就愈抽象，也就愈难为一般人了解欣赏。像《洪范》❷、《中庸》《道德经》、墨子的《经》及《经说》、佛典中的论、康德的《纯粹理性批判》、斯宾诺莎的《伦理学》之类典籍陈义非不高深，行文却极抽象，不免使读者望而生畏。世间有许多高深的思想都埋没在艰晦的文字里，对于文学与文化都是很大的损失。有些思想家知道这一点，虽写说理文，也极力求其和文学作

❶《蒹葭》中的诗句，出自《诗经·国风·秦风》，是一首描写追求意中人而不得的诗。意为：芦苇密密又苍苍，晶莹露水结成霜。我心中那好人儿，伫立在那河岸边。逆流而上去找她，道路险阻又太长。顺流而下去寻她，仿佛就在水中央。蒹葭（jiān jiā）：芦苇。

❷《洪范》：《尚书》篇名。《洪范》原是商代贵族政权总结出来的统治经验。"洪"的意思是"大"，"范"的意思是"法"。"洪范"即统治大法。相传为周灭商后二年，箕子向周武王陈述"天地之大法"的记录，提出了帝王治理国家必须遵守的九种根本大法，即"洪范九畴"。

品一样具体。古代的柏拉图❶和庄子，近代的柏格森❷和詹姆士❸，都是好例。他们通常用两种方法。一是多举例证，拿具体的个别事件说明抽象的普遍原理，有如律师辩护，博引有关事实，使听者觉其证据确凿可凭，为之动听。一是多用譬喻，理有非直说可明者，即用类似的具体事物来打比。"人相忘乎道术"颇不易懂，"鱼相忘乎江湖"却是众人皆知的。《庄子》多用寓言，寓言多是譬喻。《战国策》所记载的当时游说之士的言辞，也大半能以譬喻说理见长。最有名的是画蛇添足、鹬蚌相争、狐假虎威几段故事。区区数语在当时外交政治上曾发生极大的影响。战国时言谈的风气很盛，而譬喻是言谈达到目的所必由之径。刘向《说苑》❹曾经有这样一段记载：

> 梁惠王问惠子曰："愿先生言事则直言耳，无譬也。"惠子曰："今有人于此而不知弹者。"曰："弹之状何若？"应曰："弹之状若弹，则喻乎？"王曰："未喻也。"于是更应曰："弹之状如弓而以竹为弦则知乎？"王曰："可知矣。"惠子曰："夫说者固以其所知，喻其所不知，而使人知之。今王曰'无譬'则不可矣。"

这段话可以见出当时譬喻的流行，也把譬喻的道理说得极清楚："以其所知喻其所不知。"文学要用具

❶ 柏拉图：原书为"柏腊图"。后同。

❷ 柏格森：原书为"柏格荪"。后同。

❸ 詹姆士：原书为"哲姆士"。后同。

❹《说苑》：又名《新苑》，是西汉经学家、目录学家刘向（约前77－前6）所著，共二十卷，按各类记述春秋战国至汉代的遗闻轶事，每类之前列总说，事后加按语。其中以记述诸子言行为主，不少篇章中有关于治国安民、家国兴亡的哲理格言。主要体现了儒家的哲学思想、政治理想以及伦理观念。

体的意象说出抽象的道理，功用也是如此。

从梁惠王不欢喜譬喻这件事实看，我们可以知道譬喻要多说话，尽管是最有效的办法，却不是最简截的办法。分明只有一个道理，不直接说出，却要找一个陪衬来把它烘托出来，不免是绕弯子。但是人类心智都要由具体达到抽象，这是无可如何的事。大凡具体的写法都比抽象的写法较费笔墨，不独譬喻如此。抽象的写法有如记总账，画轮廓，悬牌宣布戏单；具体的写法有如陈列账上所记的货物，填颜色画出整个形体，生旦净丑穿上全副戏装出台扮演。前者虽简赅而不免空洞，后者有时须不避繁琐才能生动逼真。文学在能简赅而又生动时，取简赅；在简赅而不能生动时，则毋宁取生动。这个道理我们有一个很好的例子可以说明。《谷梁传》❶成公元年有一条记载：

> 季孙行父秃，晋却克眇，卫孙良夫跛，曹公子手偻，同时而聘于齐。齐使秃者御秃者，使眇者御眇者，使跛者御跛者，使偻者御偻者。

这段文字的重复是有意的，重复才能着重当时情境的滑稽。刘知几在《史通》❷里嫌它太繁，主张在"齐使秃者御秃者"句下只用"各以其类逆"一句总括其余。这就是把具体的改成抽象的，虽较简赅，却没

❶《谷梁传》：《谷梁春秋》《春秋谷梁传》的简称，是为《春秋》作注解所著，为儒家经典之一。传说孔子的弟子子夏将这部书的内容口头传给谷梁俶（亦名谷梁赤，字元始），谷梁俶将它写成书记录下来，但实际上这部书的口头传说虽然早已有了，但其成书时间是在西汉。

❷《史通》：中国及全世界首部系统性的史学理论专著，作者是唐朝的刘知几。全书内容主要评论史书体例与编撰方法，以及论述史籍源流与前人修史之得失。包括的范围十分广泛，基本上可以概括为史学理论和史学批评两大类。

有原文的生动和幽默。大约理智胜于想象的人对于文学中画境和剧情都不很能欣赏，而且嫌它琐细。这就无异于说他们的文学欣赏力薄弱。

具体的写法也不一定就要繁琐。繁简各有时宜，只要能活跃有生气，都不失其为具体。作文如绘画，有用工笔画法的，把眼前情景和盘托出，巨细不遗，求于精致周密处擅长；也有用大笔头画法的，寥寥数笔就可以把整个性格或情境暗示出来，使读者觉得它"言有尽而意无穷"❶。就常例说，作品的艺术价值愈高，就愈有含蓄。含蓄的秘诀在于繁复情境中精选少数最富于个性与暗示性的节目，把它们融化成一完整形象，让读者凭这少数节目做想象的踏脚石，低徊玩索，举一反三。着墨愈少，读者想象的范围愈大，意味也就愈深永。这道理在第一流史诗、戏剧和小说里都可以看出。荷马描写海伦❷的美，只叙述特洛伊❸一般元老见到她如何惊叹，是一个最有名的实例。

要写得具体，也并非堆砌具体意象就可以了事。貌似具体的作品还可以说是太"抽象"，因为它陈腐、肤泛、空洞。广告商标的图画非无具体意象，可是从艺术眼光看，我们不能说它具体，它千篇一律，没有个性和生气。作文使用意象，颇非易事。我们脑中积

❶ 指诗文含义深刻，令人品味不尽。出自宋代严羽的《沧浪诗话·诗辨》。

❷ 海伦：古希腊神话人物，希腊古典美的化身，是一笑倾城，再笑倾国的美女之佼佼者。天神宙斯与斯巴达王廷达瑞俄斯之妻勒达之女。

❸ 特洛伊：原书为"屈罗国"。

❶ 鸿门宴：指在公元前
206年于秦朝都城咸
阳郊外的鸿门（今陕
西省西安市临潼区新
丰镇鸿门堡村）举行
的一次宴会，参与者
包括当时两支抗秦军
的领袖项羽及刘邦。
这次宴会在秦末农民
战争及楚汉战争中皆
产生了重要影响，被
认为间接促成项羽败
亡以及刘邦成功建
立汉朝。后人也常用
"鸿门宴"一词比喻不
怀好意的宴会。详细记
述最早见于司马迁的
《史记·项羽本纪》。

着许多陈腐词藻，一动笔就都拥挤上来。一提到美人就是桃面柳眉，一提到变化无常就是浮云流水、桑田沧海。写恋爱老是那一套三角场面，写抗战老是那一套间谍勾当。这其实和绘广告商标没有分别。我们所提倡的"具体"不仅是要用感官所接受的意象，而是要能把这种意象通过创造的想象，熔成一种独到的新鲜的境界，或是一个有特殊生命的性格。情境写得像《水浒》里的武松打虎或《史记》里的鸿门宴❶，人物写得像莎士比亚的哈姆雷特或曹雪芹的刘姥姥，我们说那才不愧为"具体的"。我们在实际生活中所经历的人物情境还没有那么具体，那么真实。只就这一个意义说，我们才承认文艺所创造的世界是理想化的世界。

十二　情与辞

一切艺术都是抒情的，都必表现一种心灵上的感触，显著的如喜、怒、爱、恶、哀、愁等情绪，微妙的如兴奋、颓唐❶、忧郁、宁静以及种种不易名状的飘来忽去的心境。文学当作一种艺术看，也是如此。不表现任何情致的文字就不算是文学作品。文字有言情、说理、叙事、状物四大功用，在文学的文字中，无论是说理、叙事、状物，都必须流露一种情致❷，若不然，那就成为枯燥的没有生趣的日常应用文字，如账簿、图表、数理化教科书之类。不过这种界线也很不容易划清，因为人是有情感的动物，而情感是容易为理、事、物所触动的。许多哲学的、史学的甚至于科

❶ 颓唐：衰颓败落、萎靡不振的样子。

❷ 情致：兴致，情趣；情味；意趣风致。

学的著作都带有几分文学性，就是因为这个道理。我们不运用言辞则已，一运用言辞，就难免要表现几分主观的心理倾向，至少也要有一种"理智的信念"（intellectual conviction），这仍是一种心情。

情感和思想通常被人认为是对立的两种心理活动。文字所表现的不是思想，就是情感。其实情感和思想常互相影响，互相融会。除掉惊叹语和谐声语之外，情感无法直接表现于文字，都必借事理物烘托出来，这就是说，都必须化成思想。这道理在中国古代有刘彦和说得最透辟。《文心雕龙》的《熔裁》篇里有这几句话："草创鸿笔，先标三准。履端于始，则设情以位体；举正于中，则酌事以取类；归余于终，则撮辞以举要。"❶

用现代话来说，行文有三个步骤，第一步要心中先有一种情致，其次要找出具体的事物可以烘托出这种情致，这就是思想分内的事，最后要找出适当的文辞把这内在的情思化合体表达出来。近代美学家克罗齐的看法恰与刘彦和的一致。文艺先须有要表现的情感，这情感必融会于一种完整的具体意象（刘彦和所谓"事"），即借那个意象的❷表现，然后用语言把它记载下来。

❶ 意为：因此要写好文章，先定出三个准则：第一，根据情理来决定体制；第二，根据内容来决定事例；第三，根据文辞来突显要义。

❷ 的：原书为"得"。后同。

122

　　我特别提出这一个中外不谋而合的学说来，用意是在着重这三个步骤中的第二个步骤。这是一般人所常忽略的。一般人常以为由"情"可以直接到"辞"，不想到中间须经过一个"思"的阶段，尤其是十九世纪浪漫派理论家主张"文学为情感的自然流露"，很容易使人发生这种误解。在这里我们不妨略谈艺术与自然的关系和分别。艺术（art）原意为"人为"，自然是不假人为的；所以艺术与自然处在对立的地位，是自然就不是艺术，是艺术就不是自然。说艺术是"人为的"就无异于说它是"创造的"。创造也并非无中生有，它必有所本，自然就是艺术所本。艺术根据自然，加以熔铸❶雕琢，选择安排，结果乃是一种超自然的世界。换句话说，自然须通过作者的心灵，在里面经过一番意匠经营，才变成艺术。艺术之所以为艺术，全在"自然"之上加这一番"人为"。

❶ 熔铸：熔化铸造。

　　这番话并非题外话。我们要了解情与辞的道理，必先了解这一点艺术与自然的道理。情是自然，融情于思，达之于辞，才是文学的艺术。在文学的艺术中，情感须经过意象化和文辞化，才算得到表现。人人都知道文学不能没有真正的情感，不过如果只有真正的情感，还是无济于事。你和我何尝没有过真正的情

感？何尝不自觉平生经验有不少的诗和小说的材料？但是诗在哪里？小说在哪里？浑身都是情感不能保障一个人成为文学家，犹如满山都是大理石不能保障那座山有雕刻，是同样的道理。

一个作家如果信赖他的生糙的情感，让它"自然流露"，结果会像一个掘石匠而不能像一个雕刻家。雕刻家的任务在把一块顽石雕成一个石像，这就是说，给那块顽石一个完整的形式，一条有灵有肉的生命。文学家对于情感也是如此。英国诗人华尔华兹有一句名言："诗起于在沉静中回味过来的情绪。"在沉静中加过一番回味，情感才由主观的感触变成客观的观照对象，才能受思想的洗炼与润色，思想才能为依稀隐约不易捉摸的情感造出一个完整的可捉摸的形式和生命。这个诗的原理可以应用于一切文学作品。

这一番话是偏就作者自己的情感说。从情感须经过观照与思索而言，通常所谓"主观的"就必须化为"客观的"，我必须跳开小我的圈套，站在客观的地位，来观照我自己，检讨我自己，把我自己的情感思想和行动姿态当作一幅画或是一幕戏来点染烘托❶。古人有"痛定思痛"的说法，不只是"痛"，写自己的一切的切身经验都必须从追忆着手，这就是说，都必须把过去的我

❶点染：本来是指书画家挥笔作书作画，后文艺理论家引以概括词的此种表现手法。所谓点，就是点明，将所要抒写的情感、道理，一语点明，使读者了然于胸；所谓染，就是渲染、烘托，即以具体的事物、景物将所点明的情感、道理烘托出来，以便读者对其能更具体、更生动地把握。烘托：本也是中国画的一种技法，用水墨或色彩在物象的轮廓外面渲染衬托，使物象明显突出。用于艺术创作，是一种从侧面渲染来衬托主要写作对象的表现技法。这种技法用在古诗词中，使要表现的事物更加鲜明突出。后指写作时先从侧面描写，然后再引出主题，使要表现的事物鲜明突出。亦泛指陪衬，使明显突出。

当作另一个人去看。我们需要客观的冷静的态度。明白这个道理，我们也就应该明白在文艺上通常所说的"主观的"与"客观的"分别是粗浅的，一切文学创作都必须是"客观的"，连写"主观的经验"也是如此。

但是一个文学家不应只在写自传，独角演不成戏，虽然写自传，他也要写到旁人，也要表现旁人的内心生活和外表行动。许多大文学家向来不轻易暴露自己，而专写自身以外的人物，莎士比亚便是著例。形形色色的人物的心理变化在他们手中都可以写得惟妙惟肖❶，淋漓尽致。他们所以能做到这一点，因为他们会设身处地去想象，钻进所写人物的心窍，和他们同样想，同样感，过同样的内心生活。写哈姆雷特，作者自己在想象中就变成哈姆雷特；写林黛玉，作者自己在想象中也就要变成林黛玉。明白这个道理，我们也就应该明白一切文学创作都必须是"主观的"，所写的材料尽管是通常所谓"客观的"，作者也必须在想象中把它化成亲身经验。

总之，作者对于所要表现的情感，无论是自己的或旁人的，都必须能"入乎其内，出乎其外"，体验过也观照过；热烈地尝过滋味，也沉静地回味过，在沉静中经过回味，情感便受思想熔铸，由此附丽❷到具体

❶ 惟妙惟肖：形容描绘或仿造得简直和真的一模一样，非常相像，非常逼真。原书为"唯妙唯肖"。

❷ 附丽：附着；依附。出自《文选·左思》。

125

的意象，也由此产生传达的语言（即所谓"辞"），艺术作用就全在这过程上面。

在另一篇文章里我已讨论过情感思想与语文的关系，在这里我不再作哲理的剖析，只就情与辞在分量上的分配略谈一谈。就大概说，文学作品可分为三种："情尽乎辞""情溢乎辞"或是"辞溢乎情"。心里感觉到十分，口里也就说出十分，那是"情尽乎辞"；心里感觉到十分，口里只说出七八分，那是"情溢乎辞"；心里只感觉到七八分，口里却说出十分，那是"辞溢乎情"。德国哲学家黑格尔❶曾经指出与此类似的分别，不过他把"情"叫做"精神"，"辞"叫做"物质"。艺术以物质表现精神，物质恰足表现精神的是"古典艺术"，例如希腊雕刻，体肤恰足以表现心灵；精神溢于物质的是"浪漫艺术"，例如中世纪"哥特式❷"雕刻和建筑，热烈的情感与崇高的希望似乎不能受具体形象的限制，磅礴❸四射；物质溢于精神的是"象征艺术"（注：黑格尔的"象征"与法国象征派诗人所谓"象征"绝不相同），例如埃及金字塔，以极笨重庞大的物质堆积在那里，我们只能依稀隐约地见出它所要表现的精神。

黑格尔最推尊古典艺术，就常识说，情尽乎辞也

❶ 黑格尔（1770-1831）：德国近代客观唯心主义哲学的代表，政治哲学家。他对德国资产阶级的国家哲学作了最系统、最丰富和最完整的阐述。主要作品有《精神现象学》《逻辑学》《哲学科学全书纲要》《美学讲演录》《宗教哲学讲演录》《自然哲学》。原书为"赫格尔"。

❷ 哥特式：原书为"高惕式"。

❸ 磅礴：原书为"旁礴"。

应该是文学的理想。"无情者不得尽其辞","和顺积中,英华外发","修辞立其诚",我们的古圣古贤也是如此主张。不过概括立论,都难免有毛病。"情溢乎辞"也未尝没有它的好处。语文有它的限度,尽情吐露有时不可能,纵使可能,意味也不能很深永。艺术的作用不在陈述而在暗示,古人所谓"言有尽而意无穷"。含蓄不尽,意味才显得闳深婉约,读者才可自由驰骋想象,举一反三。把所有的话都说尽了,读者的想象就没有发挥的机会,虽然"观止于此",究竟"不过尔尔"。拿绘画来打比,描写人物,用工笔画法仔细描绘点染,把一切形色,无论巨细,都尽量地和盘托出,结果反不如用大笔头画法,寥寥数笔,略现轮廓,更来得生动有趣。画家和画匠的分别就在此。画匠多着笔墨不如画家少着笔墨,这中间妙诀在选择与安排之中能以有限寓无限,抓住精要而排去秕糠❶。黑格尔以为古典艺术的特色在物质恰足表现精神,其实这要看怎样解释,如果当作"情尽乎辞"解,那就显然不很正确,古典艺术的理想是"节制"(restraint)与"静穆"(serenity),也着重中国人所说的"弦外之响","不着一字,尽得风流"。

在普通情境之下,"辞溢乎情"总不免是一个大毛

❶ 秕糠:意思为秕子和糠,比喻没有价值的东西。秕,子实不饱满;糠,稻、麦、谷子等的子实所脱落的壳或皮。

病，它很容易流于空洞、腐滥、芜冗。它有些像纸折的花卉，金叶剪成的楼台，绚烂夺目，却不能真正产生一点春意或是富贵气象。我们看到一大堆漂亮的词藻，期望在里面玩味出来和它相称的情感思想，略经咀嚼，就知道它索然乏味，心里仿佛觉得受了一回骗，作者原来是一个穷人要摆富贵架子！这个毛病是许多老老少少的人所最容易犯的。许多叫做"辞章"的作品，旧诗赋也好，新"美术文"也好，实在是空无所有。

不过"辞溢乎情"有时也别有胜境。汉魏六朝的骈俪文就大体说，都是"辞溢乎情"。固然也有一派人骂那些作品一文不值，可是真正爱好文艺而不夹成见的虚心读者，必能感觉到它们自有一种特殊的风味。我曾平心静气地玩味庾子山的赋、温飞卿的词、李义山的诗、莎士比亚的悲剧和商籁，弥尔顿的长短诗，以及近代新诗试验者如斯文朋❶、马拉麦❷和罗威尔❸诸人的作品，觉得他们的好处有一大半在辞藻的高华与精妙，而里面所表现的情趣往往却很普通。这对于我最初是一个大疑团，我无法在理论上找到一个圆满的解释。我放眼看一看大自然，天上灿烂的繁星，大地在盛夏时所呈现葱茏的花卉与锦绣的河山，大都会中所铺陈的高楼大道，红墙碧瓦，车如流水马如龙，

❶ 斯文朋（1837-1909）：英国诗人。代表作品有《普洛塞派恩赞歌》《新年颂歌》《诗歌与民谣》等。原书为"斯文邦"。

❷ 马拉麦：即斯特芳·马拉美（1842-1898），是法国象征主义诗人和散文家。代表作有《诗与散文》、诗集《徜徉集》、长诗《希罗狄亚德》等。

❸ 罗威尔（1819-1891）：英国诗人，被称为"炉边诗人"或"新英格兰诗人"。

说它们有所表现固无不可，不当作它们有所表现，我们就不能借它们娱目赏心么？我再看一看艺术，中国古瓷上的花鸟、刺绣上的凤翅龙鳞，波斯地毡上的以及近代建筑上的图案，贝多芬和瓦格纳❶的交响曲，不也都够得上说"美丽"，都能令人欣喜？我们欣赏它们所表现的情趣居多呢，还是欣赏它们的形象居多呢？我因而想起，词藻也可以组成图案画和交响曲，也可以和灿烂繁星、青山绿水同样地供人欣赏。"辞溢乎情"的文章如能做到这地步，我们似也毋庸反对。

　　刘彦和本有"为情造文"与"为文造情"❷的说法，我觉得后起的"因情生文，因文生情"的说法比较圆满。一般的文字大半"因情生文"，上段所举的例可以说是"因文生情"。"因情生文"的作品一般人有时可以办得到，"因文生情"的作品就非极大的艺术家不办。在平地起楼阁是寻常事，在空中架楼阁就有赖于神斤鬼斧。虽是在空中，它必须是楼阁，是完整的有机体。一般"辞溢乎情"的文章所以要不得，因为它根本不成为楼阁。不成为楼阁而又悬空，想拿旁人的空中楼阁来替自己辩护，那是狂妄愚蠢，为初学者说法，脚踏实地最稳妥，只求"因情生文"，"情见于辞"，这一步做到了，然后再作高一层的企图。

❶ 瓦格纳：原书为"瓦格勒"。

❷ 指两种截然不同的创作态度和创作路线，见《文心雕龙·情采》。刘勰以《诗经》和《汉赋》作对比，指出"诗人"的创作态度是"为情而造文"；赋颂的作者"辞人"们的创作态度是"为文而造情"。前者的创作态度是有了真挚充实的思想感情，心中郁积着怨愤，为了"以讽其上"才愤而为语言即有感有为而为文。后者创作则是心中没有真挚充实的感情，没有郁积愤慨，为了卖弄才华，沽名钓誉，而矫揉造作去为文，也就是无感而为文，为作文而作文。

❶ 浪漫主义：文艺的基本创作方法之一，与现实主义同为文学艺术上的两大主要思潮。此处应是指浪漫主义运动，是开始于18世纪西欧的艺术、文学及文化运动，发生于1790年工业革命开始的前后。浪漫主义注重以强烈的情感作为美学经验的来源，并且开始强调如不安及惊恐等情绪，以及人在遭遇到大自然的壮丽时所表现出的敬畏。

❷ 古典主义：是17世纪流行在西欧，特别在法国的一种文学思潮。这一潮流是特定历史时期产物，因它在文艺理论和创作实践上以古希腊、罗马文学为典范和样板而被称为"古典主义"。作为一种文艺思潮，古典主义在欧洲流行了两个世纪，直到19世纪初浪漫主义文艺兴起才结束。它在17世纪的法国最为盛行，发展也最为完备。

十三　想象与写实

在这些短文里，我着重学习文学的实际问题，想撇开空泛的理论，不过对于想象与写实这个理论上的争执不能不提出一谈，因为它不仅有关于写作基本态度上的分别，而且涉及对于文艺本质的认识。这个理论上的争执在十九世纪后期闹得最剧烈。在十九世纪前期，浪漫主义❶风靡一时，它反抗前世纪假古典主义❷过于崇拜理智的倾向，特提出"情感"和"想象"两大口号。浪漫作者坚信文艺必须表现情感，而表现情感必借想象。在他们的心目中与想象对立的是理智，是形式逻辑，是现实的限制；想象须超过理智，打破形式逻辑与现实的限制，任情感的指使，把现实世界的事理情态看成一个顽皮孩子的手中的泥土，任他搬弄揉合，造成一种基于现实而又超于现实的意象世界。这意象世界或许是空中楼阁，但空中楼阁也要完整美观，甚至于比地上楼阁还要更合于情理。这是浪漫作者的信条，在履行信条之中，他们有时不免因走极端而生流弊。比如说，过于信任想象，蔑视事实，就不免让主观的成见与幻想作祟，使作品离奇到不近情理，空洞到不切人生。因此到了十九世纪后期，文学界起了一个大反动，继起的写实主义❶咒骂主观的想象情感，一如从前浪漫主义咒骂理智和常识。写实作家的信条在消极方面是不任主观，不动情感，不凭空想；在积极方面是尽量寻求实际人生经验，应用自然科学的方法搜集"证据"，写自己所知道最清楚的，愈忠实愈好。浪漫派的法宝是想象，毕生未见大海的人可以歌咏大海；写实派的法宝是经验，要写非洲的故事便须背起行囊亲自到非洲去观察。

这显然是写作态度上一个基本的分别。在谈"写作练习"时我曾经说过初学者须认清自己知解的限度，与其在浪漫派作家所谓"想象"上做功夫，不如在写实派作家所谓"证据"上做功夫，多增加生活经验，把那限度逐渐扩大。不过这只是就写作训练来说，如

❶ 写实主义：又译现实主义，一般被定义为关于现实和实际而排斥理想主义。写实主义起源于法国，中心也在法国，后波及欧洲各国。1848年革命后，首次使用"写实主义"一词。代表人物为画家G·库尔贝，最早的理论家为尚弗勒里。

131

果就文艺本质作无偏无颇的探讨，我们应该知道，凡是真正的文艺作品都必同时是写实的与想象的。想象与写实相需为用，并行不悖，并不如一般人所想象的那样绝对相反。理由很简单，凡是艺术创造都是旧经验的新综合。经验是材料，综合是艺术的运用。惟其是旧经验，所以读者可各凭经验去了解；惟其是新综合，所以见出艺术的创造，每个作家的特殊心裁。所谓"写实"就是根据经验，所谓"想象"就是集旧经验加以新综合（注：想象就是"综合"或"整理"，可参看 Coleridge、Richards、Groce 诸人的学说）。想象决不能不根据经验，都是根据人和现世想象出来的。一切艺术的想象都可以作如是观。至于经验——写实派所谓"证据"——本身不能成为艺术，它必须透过作者的头脑，在那里引起一番意匠经营，一番选择与安排，一番想象，然后才能产生作品。任何作品所写的经验决不能与未写以前的实际经验完全一致，如同食物下了咽喉未经消化就排泄出来一样。食物如果要成为生命素，必经消化；人生经验如果要形成艺术作品，必经心灵熔铸。从艺术观点看，这熔铸的功夫比经验还更重要千百倍，因为经验人人都有，

★ 想象与写实相需为用，并行不悖，并不如一般人所想象的那样绝对相反。

132

却不是每个人都能表现他的经验成为艺术家。许多只信"证据"而不信"想象"的人为着要产生作品，钻进许多偏僻的角落里讨实际生活，实际生活算是讨到手了，作品仍是杳无踪影；这正如许多书蠹读过成千成万卷的书，自己却无能力写出一本够得上称为文艺作品的书，是同一道理。

极端的写实主义者对于"写实"还另有一个过激的看法，写实不仅根据人生经验，而且要忠实地保存人生经验的本来面目，不许主观的想象去矫揉造作。据我们所知，写实派大师像福楼拜、屠格涅夫❶诸人并不曾实践这种理论。但是有一班第三四流写实派作家往往拿这种理论去维护他们的艺术的失败。他们的影响在中国文艺界似开始流毒。"报告文学"作品有许多都很芜杂零乱，没有艺术性。我们首先要明白的是写实派所谓"实"。文艺作品应该富于"真实感"，"对自然真实"，或是"对人生真实"，这都是没有问题的；问题在"什么叫做真实"，这是一个哲学上的问题，这里不能详谈，我们只能说，判断任何事物是否真实，须有一个立场。从某一个立场看一件事物是真实的，从另一个立场看它，可能是不真实。这就是说，世间

❶ 屠格涅夫（1818-1883）：19世纪俄国有世界声誉的"现实主义艺术大师"和"现实主义作家"，代表作有《猎人笔记》《父与子》等。原书为"屠格勒夫"。

并不只有一种真实。概略地说，真实有三种，大家所常认得的是"历史的真实"，这也可以叫做"现象的真实"。比如说，"中国在亚洲"，"秦始皇焚书坑儒"，"张三昨天和他的太太吵了一架"，"李四今天跌了一跤"，这些都是曾经在自然界发生过的现象，在历史上是真实的。其次是"逻辑的真实"，比如说，"凡人皆有死"，"勾方加股方等于弦方"，"白马之白犹白玉之白"，"自由意志论与命定论不能并存"，这些都是于理为必然的事实，经过逻辑思考而证其为真实的。现象的真实不必合于逻辑的真实，比如现象界并无绝对的圆，而绝对的圆在逻辑上仍有它的真实性。第三就是"诗的真实"或"艺术的真实"。在一个作品以内，所有的人物内心生活与外表行动都写得尽情尽理，首尾融贯整一，成为一种独立自足的世界，一种生命与形体谐和一致的有机体，那个作品和它里面所包括的一切就有"诗的真实"。比如说，在《红楼梦》那圈套里，贾宝玉应该那样痴情，林黛玉应该那样心窄，薛宝钗应该那样圆通，在任何场合，他们一举一动，一言一笑，都切合他们的身份，表现他们的性格，叫我们惊疑他们"真实"，虽然这一切在历史上都是子虚乌有❶。

❶ 子虚乌有：指假设的，并不存在的事或人。出自汉代司马相如《子虚赋》。

极端的写实派的错误在只求历史的或现象的真实，而忽视诗的真实。艺术作品不能不有几分历史的真实，因为它多少要有实际经验上的根据；它却也不能只有历史的真实，因为它是艺术，而艺术必于"自然"之上加以"人为"，不仅如照相底片那样呆板地反映人物形象。艺术创造是旧经验的新综合。旧经验在历史上是真实的，新综合却必须在诗上是真实的。要审问一件事物在历史上是否真实，我们问：它是否发生过？有无事实证明？要审问一件事物在诗上是否真实，我们问：衡情度理❶，它是否应该如此？在完整体系（即作品）以内，它与全部是否融贯一致？不消说得，就艺术观点来说，最重要的真实是诗的真实而不是历史的真实；因为世间一切已然现象都有历史的真实，而诗的真实只有在艺术作品中才有，一件作品在具有诗的真实时才能成其为艺术。

　　我们还可以进一步说，诗的真实高于历史的真实。自然界无数事物并存交错，繁复零乱，其中尽管有关系条理，却忽起忽没，若隐若现，有时现首不现尾，有时现尾不现首，我们一眼看去，无从把某一事物的来踪去向从繁复事态中单提出来，把它看成一个融贯整一的有机体。文艺作品都有一个"母题"或一个主

❶ 衡情度理：按照情况和道理进行量度。

135

旨，一切人物故事，情感动作，都以这主旨为中心，可以附丽到这主旨上去的摄取来，一切无关主旨的都排弃去，而且在摄取的材料之中轻重浓淡又各随班就位，所以关系条理不但比较明显，也比较紧凑，没有自然现象所常呈现的颠倒错乱，也没有所谓"偶然"。自然界现象只是"如此如此"，而文艺作品所写的事变则在接受了一些假定的条件之下，每一样都是"必须如此如此"。比如拿人物来说，文学家所创造的角色如哈姆雷特、夏洛克、答尔丢夫❶、卡拉马佐夫❷、鲁智深、刘姥姥、严贡生之类，比我们在实际生活中的常遇见的类似的典型人物还更入情入理。我们指不出某一个人恰恰是夏洛克或刘姥姥，但是觉得世间有许多人都有几分像他们。根据这个事实去想，我们可以见出诗的真实高于历史的真实是颠扑不破的至理。亚里士多德说："诗比历史更富于哲理"，意思也就在此。诗的真实所以高于历史的真实者，因为自然现象界是未经发掘的矿坑，文艺所创造的世界是提炼过的不存一点渣滓的赤金纯钢。艺术的功夫就在这种提炼上见出，它就是我们所说的"想象"。

中国文学理论家向重"境界"二字，王静安在《人间词话》❸里提出"造境"和"写境"的分别，以

❶ 答尔丢夫：原书为"塔杜夫"。

❷ 卡拉马佐夫：原书为"卡腊马索夫"。

❸《人间词话》：著名国学大师王国维（1877–1927）所著的一部文学批评著作。是在接受了西洋美学思想之洗礼后，以崭新的眼光对中国旧文学所作的评论。他用传统的词话形式及传统的概念、术语和思维逻辑，较为自然地融进了一些新的观念和方法，其总结的理论问题又具有相当普遍的意义，这就使它在当时新旧两代的读者中产生了重大反响，在中国近代文学批评史上具有崇高的地位。

为"造境"即"理想"（即"想象"），"写境"即"写
实"，并加以补充说："二者颇难分别，因大诗人所造
之境必合乎自然，所写之境亦必邻于理想。"这话很精
妙，其实充类至尽，写境仍是造境，文艺都离不掉自
然，也都离不掉想象，写实与想象的分别终究是一个
庸俗的分别。文艺的难事在造境，凡是人物性格事变
原委等等都要借境界才能显出。境界就是情景交融❶事
理相契的独立自足的世界，它的真实性就在它的融贯
整一，它的完美。"完"与"美"是不能分开的，这世
界当然要反映人生自然，但是也必须是人生自然经过
重新整理。大约文艺家对于人生自然必须经过三种阶
段。头一层他必须跳进里面去生活过（live），才能透懂
其中甘苦；其次他必须跳到外面观照过（contemplate），
才能认清它的形象；经过这样的主观的尝受和客观的
玩索以后，他最后必须把自己所得到的印象加以整理
（organize），整理之后，生糙的人生自然才变成艺术的
融贯整一的境界。写实主义所侧重的是第一个阶段，
理想主义所侧重的是第三个阶段，其实这三个阶段都
是不可偏废的。

❶ 情景交融：指文艺作品
中环境的描写、气氛的
渲染跟人物思想感情的
抒发结合得很紧密。

十四　精进的程序

文学是一种很艰难的艺术，从初学到成家，中间须经过若干步骤，学者必须循序渐进，不可一蹴而就。拿一个比较浅而易见的比喻来讲，作文有如写字。在初学时，笔拿不稳，手腕运用不能自如，所以结体不能端正匀称，用笔不能平实道劲[1]，字常是歪的，笔锋常是笨拙扭曲的。这可以说是"疵境"。特色是驳杂不稳，纵然一幅之内间或有一两个字写得好，一个字之内间或有一两笔写得好，但就全体看去，毛病很多。每个人写字都不免要经过这个阶段。如果他略有天资，用力勤，多看碑帖笔迹，多临摹[2]，多向书家请教，他对于结体用笔，分行布白，可以学得一些规模法度，

[1] 道劲：雄健，刚劲有力。

[2] 临摹：按照原作仿制书法和绘画作品的过程叫做临摹。临，是照着原作写或画；摹，是用薄纸（绢）蒙在原作上面写或画。广义的临摹，所仿制的不一定是原作，也可能是碑、帖等。临摹为了学习技法，侧重临摹的过程。

138

手腕运用也比较灵活了，就可以写出无大毛病、看得过去的字。这可以说是"稳境"，特色是平正工稳，合于规模法度，却没有什么精彩，没有什么独创。多数人不把书法当作一种艺术去研究，只把它当作日常应用的工具，就可以到此为止。如果想再进一步，就须再加揣摩，真草隶篆各体都须尝试一下，各时代的碑版帖札须多读多临，然后荟萃❶各家各体的长处，造成自家所特有的风格，写成的字可以算得艺术作品，或奇或正，或瘦或肥，都可以说得上"美"。这可以说是"醇境"，特色是凝炼典雅，极人工之能事，包世臣和康有为所称的"能品""佳品"都属于这一境。但是这仍不是极境，因为它还不能完全脱离"匠"的范围，任何人只要一下功夫，到功夫成熟了，都可以达到。最高的是"化境"，不但字的艺术成熟了，而且胸襟学问的修养也成熟了，成熟的艺术修养与成熟的胸襟学问的修养融成一片，于是字不但可以见出驯熟的手腕，还可以表现高超的人格；悲欢离合的情调，山川风云的姿态，哲学宗教的蕴藉，都可以在无形中流露于字里行间，增加字的韵味。这是包世臣❷和康有为❸所称的"神品""妙品"，这种极境只有极少数幸运者才能达到。

❶ 荟萃：原书为"会萃"。后同。

❷ 包世臣（1775–1855）：清代学者、书法家、书学理论家。包世臣的主要历史功绩在于通过书论《艺舟双楫》等鼓吹碑学，对清代中后期书风的变革影响很大，至今为书界称颂。

❸ 康有为（1858–1927）：著作有《春秋董氏学》《孔子改制考》《新学伪经考》《日本变政考》等。

作文正如写字。用字像用笔，造句像结体，布局像分行布白。习作就是临摹，读前人的作品有如看碑帖墨迹，进益的程序也可以分"疵""稳""醇""化"四境。这中间有天资和人力两个要素，有不能纯借天资达到的，也有不能纯借人力达到的。人力不可少，否则始终不能达到"稳境"和"醇境"；天资更不可少，否则达到"稳境"和"醇境"有缓有速，"化境"却永远无法望尘。在"稳境"和"醇境"，我们可以纯粹就艺术而言艺术，可以借规模法度作前进的导引；在"化境"，我们就要超出艺术范围而推广到整个的人格以至整个的宇宙，规模法度有时失其约束的作用，自然和艺术的对峙也不存在。如果举实例来说，在中国文字中，言情文如屈原的《离骚》，陶渊明和杜工部的诗，说理文如庄子的《逍遥游》《齐物论》和《楞严经》❶，记事文如太史公的《项羽本纪》《货殖传》和《红楼梦》之类作品都可以说是到了"化境"，其余许多名家大半止于"醇境"或是介于"化境"与"醇境"之间，至于"稳境"和"疵境"都无用举例，你我大概都在这两个境界中徘徊。

一个人到了艺术较高的境界，关于艺术的原理法则无用说也无可说；有可说而且需要说的是在"疵

❶《楞严经》：佛教经典，全名《大佛顶如来密因修证了义诸菩萨万行首楞严经》。

境"与"稳境"。从前古文家有奉"义法"为金科玉律
的，也有攻击"义法"论调的。在我个人看，拿"义
法"来绳"化境"的文字，固近于痴人说梦；如果以
为学文艺始终可以不讲"义法"，就未免更误事。记得
我有一次和沈尹默❶先生谈写字，他说："书家和善书
者有分别，世间尽管有人不讲规模法度而仍善书，但
是没有规模法度就不能成为一个真正的书家。"沈先生
自己是"书家"，站在书家的立场他拥护规模法度，可
是仍为"善书者"留余地，许他们不要规模法度。这
是他的礼貌。我很怀疑"善书者"可以不经过揣摩规
模法度的阶段。我个人有一个苦痛的经验。我虽然没
有正式下功夫写过字，可是二三十年来没有一天不在
执笔乱写，我原来也相信此事可以全凭自己的心裁，
苏东坡所谓"我书意造本无法"，但是于今我正式留意
书法，才觉得自己的字太恶劣，写过几十年的字，一
横还拖不平，一竖还拉不直，还是未脱"疵境"。我
的病根就在从头就没有讲一点规模法度，努力把一个
字写得四平八稳。我误在忽视基本功夫，只求耍一点
聪明，卖弄一点笔姿，流露一点风趣。我现在才觉
悟"稳境"虽平淡无奇，却极不易做到，而且不经过
"稳境"，较高的境界便无从达到。文章的道理也是如

❶ 沈尹默（1883-1971）：
著名的学者、诗人、书
法家、教育家。代表作
品有《二王法书管窥》
《历代名家学书经验谈辑
要释义》等。

❶ 韩昌黎：即韩愈。

❷ 揣摩：反复思考推敲。
揣，估计；推测。

此，韩昌黎❶所谓"醇而后肆"是作文必循的程序。由"疵境"到"稳境"那一个阶段最需要下功夫学规模法度，小心谨慎地把字用得恰当，把句造得通顺，把层次安排得妥帖，我作文比写字所受的训练较结实，至今我还在基本功夫上着意，除非精力不济，注意力松懈时，我必尽力求稳。

稳不能离规模法度。这可分两层说，一是抽象的，一是具体的。抽象的是文法、逻辑以及古文家所谓"义法"，西方人所谓文学理论和文学批评。在这上面再加上一点心理学和修辞学常识，就可以对付了。抽象的原则和理论本身并没有多大功用，它的惟一的功用在帮助我们分析和了解作品。具体的规模法度须在模范作品中去找。文法、逻辑、义法等等在具体实例中揣摩，也比较更彰明较著。从前人说："熟读唐诗三百首，不会作诗也会吟"，语调虽卑，却是经验之谈。为初学说法，模范作品在精不在多，精选熟读透懂，短文数十篇，长著三数种，便已可以作为达到"稳境"的基础。读每篇文字须在命意、用字、造句和布局各方面揣摩❷；字、句、局三项都有声义两方面，义固重要，声音节奏更不可忽略。既叫做模范，自己下笔时就要如写字临帖一样，亦步亦趋地模仿它。我们不必唱高调轻视模仿，古今大艺术家，据我所知，没有不经过一个模仿阶段的。第一步模仿，可得规模法度，第二步才能集合诸家的长处，加以变化，造成自家所特有的风格。

练习作文，一要不怕模仿，二要不怕修改。多修改，思致愈深入，下笔愈稳妥。自己能看出自己的毛病才算有进步。严格地说，自己要说的话是否从心所欲地说出，只有自己知道，如果有毛病，也只有自己知道最清楚，所以文章请旁人修改不是一件很合理的事。丁敬礼向曹子建说："文之佳恶，吾自得之，后世谁相知定吾文者耶？"❶杜工部也说："文章千古事，得失寸心知。"❷大约文章要做得好，必须经过一番只有自己知道的辛苦，同时必有极谨严的艺术良心，肯严厉地批评自己，虽微疵小失，不肯轻易放过，须把它修到无疵可指，才能安心。不过这番话对于未脱"疵境"的作者恐未免是高调。据我的观察，写作训练欠缺者通常有两种毛病：第一是对于命意用字造句布局没有经验，规模法度不清楚，自己的毛病自己不能看出，明明是不通不妥，自己却以为通妥；其次是容易受虚荣心和兴奋热烈时的幻觉支配，对自己不能作客观的冷静批评，仿佛以为在写的时候既很兴高采烈，

❶ 出自《昭明文选》中的《与杨德祖书》，意为：文章的好坏，我一个人承担，后世的人谁知道给我润色的人是哪个？

❷ 出自唐代伟大诗人杜甫的《偶题》，意为：文章是传之千古的事业，而其中甘苦得失只有作者自己心里知道。

那作品就一定是杰作，足以自豪。只有良师益友，才可以医治这两种毛病。所以初学作文的人最好能虚心接受旁人的批评，多请比自己高明的人修改。如果修改的人肯仔细指出毛病，说出应修改的理由，那就可以产生更大的益处。作文如写字，养成纯正的手法不易，丢开恶劣的手法更难。孤陋寡闻❶的人往往辛苦半生，没有摸上正路，到发现自己所走的路不对时，已悔之太晚，想把"先入为主"的恶习丢开，比走回头路还更难更冤枉。良师益友可以及早指点迷途，引上最平正的路，免得浪费精力。

　　自己须经过一番揣摩，同时又须有师友指导，一个作者才可以逐渐由"疵境"达到"稳境"。"稳境"是不易达到的境界，却也是平庸的境界。我认识许多前一辈子的人，幼年经过科举的训练，后来借文字"混差事"，对于诗文字画，件件都会，件件都很平稳，可是老是那样四平八稳，没有一点精彩，不是"庸"，就是"俗"，虽是天天在弄那些玩意，却到老没有进步。他们的毛病在成立了一种定型，便老守着那种定型，不求变化。一稳就定，一定就一成不变，由熟以至于滥，至于滑。要想免去这些毛病，必须由稳境重新尝试另一风格，如果太熟，无妨学生硬；如果太平

❶ 孤陋寡闻：比喻学识浅薄，见闻贫乏。

144

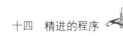

易，无妨学艰深；如果太偏于阴柔，无妨学阳刚。在这样变化已成风格时，我们很可能地回到另一种"疵境"，再由这种"疵境"进到"熟境"，如此辗转下去，境界才能逐渐扩大，技巧才能逐渐成熟，所谓"醇境"大半都须经过这种"精钢百炼"的功夫才能达到。比如写字，入手习帖的人易于达到"稳境"，可是不易达到很高的境界。稳之后改习唐碑可以更稳，再陆续揣摩六朝碑版❶和汉隶秦篆❷以至于金文甲骨文❸，如果天资人才都没有欠缺，就必定有"大成"的一日。

这一切都是"匠"的范围以内的事，西文所谓"手艺"（craftsmanship）。要达到只有大艺术家所能达到的"化境"，那就还要在人品学问各方面另下一套更重要的功夫。我已经说过，这是不能谈而且也无用谈的。本文只为初学说法，所以陈义不高，只劝人从基本功夫下手，脚踏实地循序渐进地做下去。

❶ 六朝：一般指的是中国历史上三国至隋朝的南方的六个朝代。碑版：指碑碣上所刻的志传文字。

❷ 汉隶：汉代隶书的统称。因东汉碑刻上的隶书，笔势生动，风格多样。秦篆：又称小篆，是在秦始皇统一中国（前221年）后，由宰相李斯负责，在秦国原来使用的大篆籀文的基础上，进行简化，取消其他六国的异体字，创制的统一文字的书写形式。

❸ 金文：指铸刻在殷周青铜器上的铭文，也叫钟鼎文。甲骨文：又称"契文""甲骨卜辞"或"龟甲兽骨文"，主要指中国商朝晚期（前14世纪－前11世纪）王室用于占卜记事而在龟甲或兽骨上契刻的文字。